UM PROGRAMA REALIZAÇÃO PRODUÇÃO

MACACOALFA

APOIO CULTURAL PATROCÍNIO

SOMANDO FORÇAS

SECRETARIA DE CULTURA   LEI ESTADUAL DE INCENTIVO A CULTURA

ENTREVISTAS A CHARLES GAVIN

ESTUDANDO O SAMBA 1976

TOM ZÉ

A IDEIA JÁ EXISTIA, MAS SÓ COMEÇOU A GANHAR FORMA a partir de um encontro com Geneton Moraes Neto numa esquina do Baixo Leblon, sábado de manhã. A certa altura do bate-papo eu disse ao jornalista (e amigo) que há muito tempo vinha pensando em montar um banco de dados na internet, onde seria possível compartilhar o conteúdo das entrevistas de *O Som do Vinil*, algo que muita gente sempre me cobrou.

Desde que começou a ser produzido, em 2007, o acervo foi ganhando valor inestimável, fruto da generosa colaboração dos convidados, que revelam histórias sobre suas canções, seus discos e suas carreiras, recompondo nossa história capítulo a capítulo.

Indo mais longe, afirmei: "nesses tempos em que o espaço na mídia televisiva está se tornando cada vez mais escasso para as vertentes da música brasileira, iniciativas como essa acabam se transformando em estratégicos abrigos de proteção à nossa diversidade cultural, expressa através das artes. N'*O Som do Vinil*, quem conta a história da música brasileira é quem a fez — e a faz".

Geneton ouviu tudo com atenção, concordou e aconselhou: "você tem que colocar isso em livro também. Pense que, daqui a décadas ou séculos, os livros ainda estarão presentes. Eles sobreviverão, seja qual for a mídia utilizada. Tenha certeza: colocou em livro, está eternizado, é pra sempre".

Cá estamos. A ideia se materializou e o projeto que disponibiliza sem cortes, na íntegra, algumas das centenas de entrevistas que fiz neste anos de *O Som do Vinil* está em suas mãos. Agradeço ao mestre e também a todos que, de alguma forma, ajudaram.

Aproveite. Compartilhe.

Charles Gavin

Um programa do Canal Brasil

Concepção
André Saddy, Charles Gavin, Darcy Burger e Paulo Mendonça

[Temporadas 2007, 2008, 2009 e 2010]
Apresentação, direção e pesquisa Charles Gavin
Direção Darcy Burger
Assistentes de direção Juliana Schmitz, Helena Machado, Barbara Lito, Rebecca Ramos
Editores Mariana Katona, Raphael Fontenelle, Tauana Carlier e Pablo Nery
Pesquisa e pauta Tarik de Souza
Coordenação de produção Crica Bressan e Guilherme Lajes
Produção executiva André Braga
Produção Bravo Produções

[Temporadas 2011, 2012 e 2013]
Apresentação, direção e pesquisa Charles Gavin
Direção Gabriela Gastal
Assistentes de direção Maitê Gurzoni, Liza Scavone, Henrique Landulfo
Editores Tauana Carlier, Thiago Arruda, Raphael Fontenelli, Rita Carvana
Pesquisa e pauta Tarik de Souza
Coordenação de produção Henrique Landulfo
Produção executiva Gabriela Figueiredo
Produção Samba Filmes

Equipe CANAL BRASIL
Direção geral Paulo Mendonça
Gerente de marketing e projetos André Saddy
Gerente de produção Carlos Wanderley
Gerente de programação e aquisição Alexandre Cunha
Gerente financeiro Luiz Bertolo

No sulco do vinil

QUE O BRASIL NÃO TEM MEMÓRIA É UMA TRISTE CONSTATAÇÃO. Maltratamos nosso passado como malhamos Judas num sábado de Aleluia, relegando-o ao esquecimento empoeirado do tempo. Vivemos do aqui e agora como se o mundo tivesse nascido há 10 minutos, na louca barbárie do imediatismo. Esse ritmo frenético de excessos atropela não só reflexões um pouco menos rasteiras, como não nos permite sequer imaginar revisitar aquilo que de alguma forma nos fez ser o que somos hoje. Como se o conhecimento, qualquer que ele seja, fosse tão dispensável quanto aquilo que desconhecemos.

Esse esboço de pensamento não deve ser confundido com conservadorismo ou nostalgia, mas como fruto da convicção de que preservar e, talvez, entender o que foi vivido nos permite transgredir modismos e a urgência de necessidades que nos fazem acreditar serem nossas. Essas divagações estiveram na gênese do Canal Brasil, inicialmente concebido como uma janela do cinema brasileiro no meio da televisão e, posteriormente, transformado numa verdadeira trincheira da cultura nacional em todas as suas vertentes.

A música, por sua vez, chegou sorrateira, se impondo soberana como artigo de primeira necessidade, muito naturalmente para um canal chamado Brasil.

Começamos a produzir programas musicais e shows e a buscar, como havíamos feito com o cinema, uma forma que nos permitisse fazer o resgate do nosso extraordinário passado musical.

Recorrentemente falávamos do *Classic Albums* da BBC, pensamento logo descartado pela ausência de registros filmados de nossas clássicas gravações. Mas, como um fruto maduro, esse tema estava não só em nossas cabeças como também em outros corações.

E foi assim que Darcy Burger nos propôs, a mim e a André Saddy, em uma reunião realizada em meados de 2006, a produção de um programa que viesse a ser o *Álbuns Clássicos Brasileiros*.

Diante da constatação da impossibilidade de se reproduzir o modelo inglês do programa, evoluímos para a hipótese de se criar um formato brasileiro, contextualizado por circunstâncias históricas e políticas e depoimentos de artistas, músicos e técnicos envolvidos na feitura dos discos, de modo a viabilizar a elaboração de mais que um programa. Um documentário sobre a produção de cada álbum selecionado. Restava saber quem teria credibilidade suficiente para a condução do programa. E essa foi a mais fácil e unânime das escolhas: Charles Gavin.

Charles, além de sua história bem-sucedida de baterista dos Titãs, realizava também um trabalho abnegado de resgate de uma infinidade de álbuns clássicos da música brasileira. Ou seja, assim como o Canal Brasil vem procurando fazer pelo cinema, Charles vinha, solitariamente, fazendo o mesmo em defesa da memória da música brasileira — o que era, desde sempre, um motivo de respeito e admiração de todos. A sua adesão ao projeto, bem como o respaldo propiciado pela luxuosa participação de Tárik de Souza na elaboração de pautas, deram a ele não só um formato definitivo, mas principalmente o embasamento técnico e conceitual exigido pelo programa.

Nascia, assim, em julho de 2007, no Canal Brasil, *O Som do Vinil*.

O acervo de entrevistas desde então registradas para elaboração dos programas em diversas temporadas é mais que um patrimônio, se constitui hoje num verdadeiro tesouro para todos aqueles que de alguma forma queiram revisitar uma parte já significativa da história da música brasileira. ⬤

Paulo Mendonça

ENDÁVEL
e p/ divulgação

...TINENTAL

DANDO O SAMBA
TOM ZÉ

STEREO
℗ 1976

é) - 2. A Felicidade (Antonio
'inicius de Moraes) - 3. Toc
om Zé) - 4. Tô (Elton Medeiros
5. Vai (Menina Amanhã de
n Zé - Perna) - 6. UI! (Você
(Tom Zé - Odair Cabeça
de Poeta)

ADIOTELEDIFUSÃO DESTE DISCO - SCDP-DPF-004/69-S.P.
L) AV. DO ESTADO, 4.755 - S. PAULO - IND. BRASILEIRA - CGC 61.186.300/001

Estudando o samba

Continental, 1976

Produção Heraldo do Monte
Arranjos José Briamonte
Técnicos de som José Antonio (Zé Cafi), Marcos Vinicios
 ("Só", "Mãe Solteira")
Coordenação de Produção Odair Corona
Estúdio de gravação Sonima e Vice-versa ("Só", "Mãe
 Solteira")
Capa Walmir Teixeira

MÚSICOS
Heraldo Violão etc.
Edson Violão e viola
Dirceu Bateria
Claudio Contrabaixo
Natal Percussão
Osvaldinho Percussão
Vicente Barreto Violão e palpites
Téo da Cuíca Tambor d'água e outros instrumentos de sua
 criação (em "A Felicidade")
Rosário Arregimentação e discursos
Eloa, Vera, Sidney e Roberto Vozes
**Pessoal de Santana: Santana, Osório, Vilma, Carlos, Celso,
 Vagner, Puruca (Ou Pituca)** Vocais
Branca de Neve Surdo

DE IRARÁ PARA SALVADOR, E DAÍ, RIO DE JANEIRO, SÃO PAULO, etc., etc., enfim, o menino Tom Zé, quando percebeu, estava entregue às andanças a que são levados os artistas para dar seus recados. E por aí foi indo o Tom Zé: levado dentro de si uma enorme carga musical assimilada das festas religiosas e das serestas que participou em sua terra natal, passando pelo que viu e ouviu nas andanças e devolvendo tudo isso de maneira nova e criadora nas suas composições, após as suas *mexeções* com todo esse tipo de coisas nossas jogadas dentro de uma pipeta de graduação sonora e de acordo com os conhecimentos que adquiriu no Conservatório de Música da Universidade Federal da Bahia. E por aí foi indo o Tom Zé: poesia, som, som-poesia, tropicália, Salvador, Castro Alves, Vila Velha, mil aplausos, esbarro com ele, alô, olá, estamos aí, 1966. Rio de Janeiro, São Paulo, festival, festival, Tom Zé ganha alguns, vitória, vitória, mas até hoje não lhe fizeram entrega de um dos mais badalados prêmios que tinha direito. Faz muchocho, quando se lembra, mas não para muito pra pensar nesses calotes porque há muito onde jogar o seu talento e ele não gosta de perder tempo. Por isso, sem perda de tempo, pensou e realizou este disco, onde procurou reunir uma variedade de tipos e de formas rurais e urbanos do samba, dando a cada música a vestimenta que achou mais adequada. E por aí vai indo o Tom Zé: certo do seu trabalho certo, mas não muito certo de sua aceitação. A ponto de num desabafo — a meu ver, precipitado — ter-me dito que se este LP não circulasse, teria que abandonar o lado de pesquisa de seu trabalho. O que é isso, amigo? Se esta procurando um pretexto prá tirar uma licença, pode estar certo de que não vai ser desta vez, pois vai ter que trabalhar dobrado. Só espero que não me prive da oportunidade de novamente ser seu parceiro, pois estou aí para trabalharmos juntos, seja em Irará, Salvador, Rio de Janeiro, São Paulo, em etc., ou em etc... Gostei da experiência... **○**

Rio de Janeiro, dezembro de 1975
Elton Medeiros

Tom Zé

...Trocou o violoncelo pelo violão, por que?

Na verdade eu troquei o violão pelo violoncelo. Quando entrei na escola de música em 1962, trabalhava com violão, fazias canções com violão. Tinha descoberto naquela época um método fantástico, do Bandeirantes, um calhamaço enorme, um método ao comprido, em que o Bandeirante ensina não as harmonias de música, mas como harmonizar como a Bossa Nova praticou. E aquilo era um estudo tão sofisticado que na escola de música eu assombrava o pessoal, quando mostrava conhecimentos muito mais avançados daqueles que eles queriam ensinar aos alunos iniciantes de harmonia.

Isso em que ano era?

Entrei na escola de música em 1962 e o método Bandeirantes eu tinha achado, mais ou menos ali em 61. Era muito interessante o jeito que ele ensinava a harmonizar. Por exemplo, Dó Maior, que a gente aprendia nos métodos comuns: a primeira de Dó, a segunda de Dó, Sol Maior, com sétima. A primeira de Dó, o Fá, que é a subdominante e tal. Ele ensinava que toda canção geralmente saía da tônica pra subdominante, e que você deveria ver os diversos caminhos pra se chegar à subdominante. Ele chegava com a tônica com sétima maior, Dó com sétima maior ou Dó com sexta, ou Dó com sétima e nona, que era o mundo da Bossa Nova. E aí você ia caminhando ou com as relativas, a relativa que, no caso, é Lá menor. Naturalmente Lá menor com nona e sétima. Ou Lá menor com sexta e nona, como caminho de Dó. Tudo com as dissonâncias, pra poder chegar em Fá. Então em cada canção você tem essas alternativas de caminho. Era um método fantástico com todo aquele mundo de dissonância que a Bossa Nova praticava. Eu nunca fui bossanovista, mas, enfim, estudei. E na escola de música eu era um sucesso quando eu chegava com essas alternativas. Que lá era um negócio bem simples: mantenha a nota comum entre o acorde e o acorde que vem. É um negócio bem básico.

Aí você foi pro violoncelo, né?

Na escola de música eu não podia trabalhar com violão, porque na escola de música da Universidade da Bahia você tinha que ser útil. E ser útil é tocar um instrumento qualquer, de forma que, daqui a seis meses, você possa estar tocando na orquestra dos alunos e, em um ano você possa estar tocando na orquestra... tem que ser útil à sociedade! E me disseram: "diga que você quer estudar violoncelo, porque tem vaga". Eu nunca tinha visto um violoncelo na minha vida. Pediram pra ver minha mão. Eu tomei um susto! O que que tem a ver minha mão? Disseram: "você pode estudar violoncelo, tem uma mão grande, pode alcançar ali com um intervalo grande."

E aí você passou a estudar violoncelo...

Passei a estudar violoncelo no princípio com o [Walter] Smetak. Essas coisas que as pessoas confundem. O Smetak estava num tempo que ele ainda não estava inventando instrumento, ele era o luthier da escola. Ainda estava muito quietinho, digamos. Já muito desbocado, muito maluco, mas quietinho. E o Smetak não tinha grande gosto pelos alunos. Veio Piero Bastianelli da Itália. Chegou lá moleque e jovem, com aquela camisa de operário italiano, de pobre, mas que sempre é um luxo, coisas da Itália. Ele era louco pra ter um aluno. Sempre essa coisa do professor querendo ter um aluno. Eu não tinha vocação pra tocar nada. Mas eu tinha interesse, estudava bem. Então ele ficava muito contente comigo.

Koellreuter também estava...?

Estava em 1961, ainda não era do curso universitário, mas tinha uma aula de história com o [Hans-Joachim] Koellreuter. Vim a fazer em 1964 o vestibular e eu, que sempre fui péssimo aluno em tudo na minha vida, passei em primeiro lugar no vestibular de Música.

Então não era tão ruim...

É, porque também não esse era vestibular, hoje, da Fuvest. O Koellreuter desrespeitava, tinha direito de desrespeitar o Ministério da Educação. Só foi pra Bahia com a Escola de Música, porque o reitor Edgar Santos o permitiu dar um pontapé no currículo do Ministério da Educação. Então tudo era por conta dele. O vestibular era dele, ele era que mandava na coisa. Foi nesse vestibular que eu passei em primeiro lugar.

Isso foi em 1960 e..?

Em 1964, a revolução estourou e meu emprego... a ditadura, a ditadura. Eu tinha feito o vestibular e não sabia nem que tinha passado, perdi, meu emprego que era o CPC, o Centro Popular de Cultura. Que era uma coisa da universidade, uma coisa de esquerda, que fazia trabalhos de arte pra tocar nos diretórios e também nos sindicatos, nas greves e tal. Naturalmente, a ditadura fechou o CPC, fiquei sem pai, nem mãe. Comentei na escola: "vou embora, porque não tenho dinheiro pra ficar aqui". A escola me chamou e disse: "é verdade que você vai embora?". Eu falei: "é". "Você passou em primeiro lugar no vestibular. Se eu te desse uma bolsa você ficava?" Ah, que benção, eu estudei com uma bolsa, estudei com o dinheiro do governo os quatro anos de universidade.

Quando chegou a notícia do Golpe, Tom Zé? Você lembra...?
Eu morava numa casa comunista. Morava onde tinha Nemésio Salles, ex-secretário geral do Partido Comunista, Carlos Alberto Bandeira, atual secretário geral do Partido Comunista da Bahia, e Geraldo Fidelis Sá, um cineasta maravilhoso, comunista também. Eu era diretor do CPC, profissional do partido, ganhava a vida com o partido. Então na hora que a revolução estourou, no dia seguinte já não tinha ninguém no apartamento. Fui lá pegar uma coisa minha que eu não podia deixar de ter. Disseram: "você é louco, rapaz". Realmente a geladeira já estava escrita de baioneta "PCB". Os livros já tinham sido jogados na Avenida do Contorno, porque era ali, quem mora na Bahia vai saber essa geografia. Na Rua Nilton Prado e a frente, teoricamente, do apartamento era Avenida de Contorno, que estava sendo construída. Então o exército parou um caminhão lá embaixo e jogou a biblioteca de Nemésio Salles toda no caminhão. [risos]

Mas você permaneceu lá...
Sim, com essa ajuda da escola... Engraçado, eu que era profissional do partido, não ter sido perseguido. Descobri que era o

seguinte: tinha o IBAD, que era Instituto Brasileiro de Ação Democrática, qualquer coisa assim. Os meninos do CPC, que eram garotos, brigavam com os meninos do IBAD, que eram também garotos da direita. Quando o golpe estourou os meninos da direita tiveram que denunciar alguém, pra poder provar que eram de direita, coitados. Vê que situação terrível. E aí que denunciaram os moleques que brigavam com eles. E eu, como não brigava com eles, nem ligava pra eles, não fui nada. Quando eu fui preso aqui em São Paulo em 1971, muitos anos depois, aqui no DOPS, pensei assim: "porra, vão mandar buscar informação na Bahia". Não veio nada da Bahia! Não tinha nem ficha!

Você chegou em São Paulo quando?
Em 1965 estive aqui, cheguei no dia 11 de agosto, uma tarde quente danada e fui fazer com o Boal e com o grupo todo, os baianos todos, o *Arena canta Bahia*. Eu, Gil, Caetano, Gal, Bethânia e Piti em cima do palco. Isso terminou em outubro, mandaram me dizer: "como é, você vai largar a sua bolsa? Já está dois meses em São Paulo..." O espetáculo também não fez sucesso, voltei pra Bahia pra continuar estudando, isso foi em 65. Em 1967, Caetano foi uma vez lá esporadicamente e me falou: "olha, você fica aqui você se aborrece, mas em São Paulo..." Caetano realmente me trouxe pra São Paulo, me apresentou ao Guilherme, o Guilherme ficou de tomar conta de mim e eu vim definitivamente no dia 2 de janeiro de 1968.

Quando foi a sua participação no Festival?
Foi em dezembro de 1968. Nesse mesmo ano. Com "São Paulo, meu amor". E "2001".

Você lembra como era o ambiente do Festival, como era a competição?

Para nós era um mundo, era como a gente chegar em Hollywood. Principalmente pra mim que era caipira. Caetano sempre teve essa visão desde quando fizemos o primeiro show juntos na Bahia, nós todos. Quando eu soube do nome, *Nós, por exemplo*, tomei um susto. "Nós por exemplo"? Como? Quer dizer que nós também fazemos parte do Brasil? Aqui na Bahia? Caetano é que já tinha essa dimensão da coisa. Enfim, mas pra mim era como chegar em Hollywood, essa cidade imensa. Ainda uma província, mas imensamente grande e chegando, também ao mesmo tempo, a segunda revolução industrial. Que era uma coisa na qual nós tropicalistas iríamos ter um papel muito importante. Porque os compositores brasileiros, vamos dizer, Chico Buarque, Edu Lobo, Geraldo Vandré, Vinicius de Moraes eram todos homens cultos, educados pelos tipos de Gutenberg. Inventados em 1439 ou 35 que Gutenberg registrou a invenção dele. Eu, Caetano e Gil, Capinam, nós, os futuros tropicalistas na Bahia, passamos toda essa época, quando o mundo teve como eixo central de informação cultural, o livro. O livro não fazia parte da nossa formação intelectual. Nossa formação intelectual era Moçárabe. Era da educação, que graças aos sete séculos de invasão árabe na Península Ibérica foi transportada com as primeiras bandeiras pro interior da Bahia. E lá a gente tinha contato com uma educação que era a Provença do século dez e onze. Os poetas provençais que eram nossos cantadores. Estavam lá cantando como os provençais: "é um di, é um dado, é um dedo, chapéu de dedo é dedal". Esse tipo de som que era ao mesmo tempo cantado e significado, não é? Era, por exemplo, a Escola de Sagres, do Infante Dom Henrique. Daí que me perguntavam: "como é que vocês sabiam da Escola de Sagres? Vocês não tinham nem um rio correndo lá!" Em Irará não tinha rio. O único rio de Irará chama-se Rio Seco. Quando chove muito ele corre três dias. Mas tem a dança dramática, chamada Chegança, onde o assunto são astrolábios, quadrantes, sextantes, velas, que a função dramática da peça é expulsar os árabes. Quer dizer, a gente estava com essa educação do século dezesseis. A educação dos navegantes que saíram caminhando ali pela costa da África, até atingir o Cabo da Boa Esperança, o Cabo das Tormentas, o caminho das Índias, que foi isso que também nos descobriu. A gente tinha toda essa educação completamente diferente dos intelectuais. Assim, quando chegamos em São Paulo, estava chegando no mundo, estava chegando no Brasil, estava chegando na América do Sul, a segunda revolução industrial. A primeira revolução industrial foi aquela que multiplicava a força do homem, o músculo do homem. A segunda revolução industrial multiplicava o sistema nervoso. Era a televisão, o processamento de dados, a linguagem do cartaz. E todo mundo que foi educado no mundo literário, como os compositores todos que eu citei, tinham uma espécie de recusa a esse mundo da televisão, do cartaz, da publicidade, do processamento de dados. Mas nós éramos analfabetos! Eles não gostavam nem de televisão, nem de guitarra, também. Pra nós a lâmpada elétrica era igual a televisão. Quando nasci, não havia lâmpada elétrica. Então televisão e lâmpada elétrica são a mesma coisa, são a novidade pra mim. Mas para eles, não, a televisão estava tudo bem, mas da guitarra elétrica, eles eram inimigos. Era uma traição a guitarra elétrica. Pra nós tudo era igual. O computador também era novidade, como a televisão era. Mas pra eles, não, o computador era um bicho que ia invadir e destruir a cultura deles. E pra nós, não, por isso que os tropicalistas imediatamente foram o braço armado da segunda revolução industrial, em vez de reagir contra ela. E isso foi que fez o tropicalismo. É uma das coisas que ninguém fala. Vale a pena registrar aqui, porque é... primeira edição.

Enfim, cheguei aqui em 1968, o ambiente do festival era uma coisa para eles, eles já tinham feito o festival de 1967. Eu também tive uma canção no festival de 67, mas era uma canção velha. O Gil telefonou um dia pra mim falou: "bota aquela música que eu gosto, 'A Moreninha'". "... lá perto de casa tinha uma moreninha..." Uma coisa muito velha, mas muito maluca para o mundo da Bossa Nova. Então eu botei essa canção, essa canção entrou no festival. Eu tive aqui no dia que ela foi cantada, mas nem conversei com o arranjador, nem conversei com o cantor, entrei como público. Não tinha nem essa capacidade de me mexer no ambiente. Eu só vim a me mexer no ambiente no ano seguinte, quando fizemos juntos o arranjo de "São Paulo, Meu Amor", com Damiano [Cozzela], que ajudou muito. E o próprio maestro da TV Record, daqui a pouco eu lembro o nome dele. Lá eu quis mudar algumas coisas do arranjo, ele me ajudou muito as coisas dos metais. Eu quis passar pra um oitavo acima, quando vi que não estava funcionando. O maestro Cyro Pereira, me ajudou muito, aí eu já estava ambientado. Aquelas pessoas já nos cumprimentavam, aqueles heróis; o Chico Buarque, Geraldo Vandré, Edu Lobo. Aqueles heróis pra mim no ano passado que eu só via pela televisão, estavam ali. Eu muito acanhado e tímido, mas eles muito gentis, principalmente o Chico, que é uma pessoa muito carinhosa e, é claro, eu tinha a convivência com meus colegas Tropicalistas, digamos assim — se é que eu sou Tropicalista, pelo amor de Deus. Então no ambiente do festival foi mais ou menos assim.

Você foi na exposição sobre Tropicalismo no Rio? Nunca tinha visto aquele vídeo onde você tava cantando...

Tem uma coisa curiosa no "São Paulo, meu amor". Eu tinha uma noção do que era uma canção e do que era um espetáculo. Mesmo eu nunca tinha cantado com uma orquestra inteira, tinha noção disso pelo fato de fazer canções e levar ao palco. E tinha que fazer o cálculo da orquestra. Teve um momento no ensaio geral que eu entendi que o número ia dar certo. Que todo o planejamento meu com o [Antonio] Arruda, toda aquela ideia. Porque "São São Paulo quanta dor, São, São Paulo meu amor", agora parece um verso completamente inocente. Naquele tempo era um verso violentíssimo. Porque São Paulo era pra ser desamada, São Paulo meu amor em canção! São Paulo não era pra ser amada, era uma coisa violentíssima, era quase um soco na cara do próprio paulista. É curioso levantar essa questão. Enfim, na véspera, passando o número, quando vi o som da orquestra e eu cantando, lembro-me que eu estava com uma pulseirinha de metal branca. Lembro-me que joguei a pulseira pra cima, assim, até por falar em 2001, o filme, que também era o título de uma canção minha nesse próprio festival, em que parece com aquele corte do Kubrick depois que a criatura mata o outro com o osso, joga o osso pra cima, o Kubrick corta com a Estação Orbital. Mas não me lembrei disso, joguei a pulseira pra cima e falei: "esse número vai dar certo". Senti que o número ia dar certo. E ganhei o festival! [risos] Com aquelas feras todas! Quando começou a dar o resultado do festival foi engraçado; sexto lugar, eu falei: "porra, será que eu vou tirar quinto?". Quinto lugar, falei: "puta que pariu eu vou ganhar quarto lugar?" Quarto lugar: "me fudi". [ri] "Tô fora, não ganhei nada". Terceiro. Bom, já estava lá distraído, quando Chico de Assis veio me entrevistar, eu falei: "por que que você está me entrevistando?" Aí tive a intuição, eu tinha ganho o festi-

ESTUDANDO O SAMBA

val. Pra vocês terem um ideia, não vou repetir o gesto igualzinho, vou imitar. Minha irmã conta que ela estava com o rádio na mão ouvindo o festival e, quando ouviu anunciar o vencedor, o rádio caiu da mão dela. Espatifou no chão.

Deu pra comprar um rádio novo pra ela com o prêmio?
Deu. Na verdade ela comprou camisas pra mim quando eu fui pra Salvador. Você precisa se vestir bem e tal. Comprou lá meia dúzia de camisas boas.

Aí você permaneceu em São Paulo, praticamente né?
Permaneci em São Paulo, mas tem outro detalhe. Eu tive imediatamente depois o *débâcle*, quatro anos depois. O festival foi em 1968. De 1969... 70, 71... até 72 eu fui sucesso. Em 1973, com o disco *Todos os olhos*, eu desapareci.

Vamos falar dele. Você desapareceu por que com *Todos os olhos*?
É bom mostrar uma coisa anterior para as pessoas.... "São Paulo, meu amor" nunca foi sucesso fora de São Paulo. "... São, São Paulo quanta dor..." Isso não foi sucesso fora de São Paulo. O sucesso foi uma canção do festival seguinte, do ano seguinte, "O jeitinho dela". Deixa eu ver só se consigo tocar um pedacinho. "... a revista provou, o jornal confirmou, pela fotografia aqui nos olhos dela, tem sol nascente. Mas não se explica, nem se justifica, porque naquele dengo do sorriso dela, a cidade acabou se perdendo..." Como é Tom Zé, agora? "...no jeitinho dela botei o passo, no compasso dela caí no laço, no abraço dela..." "Jeitinho de dela": isso foi sucesso no Brasil todo. E principalmente, no disco seguinte, uma música que é toda plágio "Se o caso é chorar" "...te faço chorar, se o caso é sofrer..." Essa música é toda plágio. Se você quiser eu conto depois como é. Essas músicas fizeram sucesso,

mas, em 1973, o disco *Todos os olhos* me tirou completamente de circulação. Eu pensava que aquele disco iria me botar em circulação, porque era um disco foguento, cheio de malandragem e até com coisas que hoje fazem sucesso, como "Augusta, Angélica e Consolação". Mas a coisa já era um pouco conceitual, no que eu iria trabalhar assim, daí por diante. E a ideia de ser um pouco experimental, um pouco brincalhão. "... de vez em quando todos os olhos se voltam pra mim e lá do fundo da escuridão esperando e querendo que eu seja um herói. Mas eu sou inocente, eu sou inocente, eu sou inocente..." Essas coisas assustaram e o disco sumiu, e me tirou de circulação. Praticamente no ano seguinte, ninguém sabia mais de mim, não se falava mais, não era chamado pra lugar nenhum, não tocava em lugar nenhum, desapareci de circulação.

O que a imprensa disse sobre esse disco?
A imprensa falou bem. Da imprensa não tenho queixa. Aliás, eu não tenho queixa de nada. Tenho queixa de alguns erros de estratégia. Porque pense bem... Por exemplo, uma pessoa que tinha saído de uma escola de música, que era doutor em música, como eu sou. Ou então eu era... que já abandonei esse negócio há muito tempo. Que fazia coisas sofisticadas. "Se o caso é chorar", por exemplo, um dos plágios é o "Estudo número dois" de Chopin com o qual eu fiz a harmonia. É verdade que essa harmonia... "... se o caso é chorar, te faço chorar. Se o caso é sofrer, eu posso morrer de amor. Despir toda a minha dor, no seu traje mais azul. Restando aos meus olhos o dilema de rir ou chorar..." É claro que quem trabalhava com isso tinha uma expectativa que eu, pelo menos, faça alguma coisa de experimental, mas vá nessa direção. Chame um quarteto de cordas, faça uma coisa sofrida, faça uns sambas desse tipo, mas aí eu entrei com: "... de vez em quando

todos os olhos se voltam pra mim..." Pronto, é como eu digo: eu compro chapéu, Tom Zé vende chapéu. Então vou lá comprar um chapéu, porque ele fabrica chapéu. Quando chego lá o cara não acha chapéu, acha cachecol. Não, não, cachecol eu não quero, eu quero chapéu. Aí eu fui completamente abandonado e esquecido por um disco que era até melhor do que os outros. E que depois veio a ser parte do disco *The Best of Tom Zé*, que foi um dos melhores discos..... O problema foi esse choque. Em vez de fazer uma coisa intermediária, meio clássica, continuar fazendo um samba romântico.... Eu teria público, teria aquela coisa toda, todo dia na Hebe Camargo, todo dia no programa daqui, dacolá, na televisão. Aí parei de ser chamado.

Mas "Se o caso é chorar" é uma canção bem radiofônica, né? Para a época e até para os padrões atuais...
"Se o caso é chorar" tocou no rádio, é bem radiofônica, até para os padrões atuais. Em 1972 ela ficou na parada durante uns 6 meses e um dia ela foi primeiro lugar na parada da Rádio Nacional, que era uma parada danada. E naquele tempo a parada você concorria com Beatles, Rolling Stones, com todo mundo. Era uma parada só. Então isso aí foi sucesso. Aí completamente esquecido a partir do ano seguinte, 1973.

Não acho que seja o começo do experimentalismo, você sempre foi assim, sempre teve isso...
Também tinha malandragem, mas a fisionomia, a arte da capa, digamos assim, do disco era mais as coisas que estavam num ambiente popular. E veja bem, eu estava fazendo um esforço muito grande. Eu me lembro que Gil, quando a gente foi gravar em 1968 [o disco *Tropicália ou Panis et circensis*]. "... o que é made, made, made in Brazil... " [em "Parque industrial"] Gil dizia: "mas, rapaz,

mas que diabo de forma é essa? Que forma estranha!" Mesmo quando eu fazia coisa popular... Lembro que Carlos Imperial... os moleques não conhecem:Carlos Imperial era o rei da praça. Aliás com a própria "Praça", né? "...porque não tenho você perto de mim..." Até a banda de música de Irará toca isso, não toca nada meu. — Então, Carlos Imperial um dia me chamou... — ele era o rei da bola, eu era um moleque — e disse: "rapaz se eu tivesse um refrão desse '... o que é made, made, made, made in Brazil...' eu vendia 100 mil discos". Eu vendia 100 mil discos, você faz um refrão desses e complica tudo lá no meio. [risos] Bom, enfim, a saída do sucesso para o ostracismo. Foi *Todos os olhos*.

Inclusive tem essa história da capa que eu já vi você contar muitas vezes...

O negócio da capa foi assim; o Décio Pignatari, o poeta concreto, tinha uma agência de publicidade e nós vivíamos muito próximos, era uma coisa auspiciosa pra nosso mundo a convivência com ele, com Augusto [de Campos], com Haroldo [de Campos], com o [Ronaldo] Azeredo, com o [Pedro] Xisto, com todo esse pessoal era uma maravilha. E ele estava perto de nós quando eu estava fazendo o disco; gostou de certas coisas da abertura do disco. E disse: "Todos os olhos"... "De vez em quando todos os olhos se voltam pra mim de lá do fundo, todos os olhos pra lá, todos os olhos pra cá". Ele falou: "nesse disco era bom botar um cu na capa". Eu, que era um caipira, um tabareu, tomei um susto, fiquei com medo. Principalmente porque, no tempo da ditatura, uma banda de moleques cantou a palavra "seio" e foi presa quando saiu do palco. Agora você imagina botar um cu na capa do disco! É claro que eu fiquei tremendo de medo, mas tinha que bancar o civilizado, o culto. "É, boa ideia, muito bem". Doido pra que ele desistisse daquilo, porque onde é que ele ia arranjar um

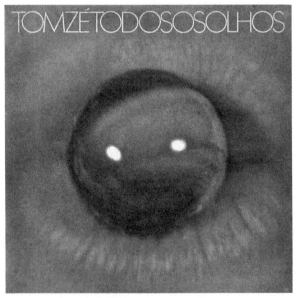

cu pra botar na capa? Mas você veja como é, em São Paulo tem tudo. Tem até cu pra botar em capa de disco! Um rapaz que trabalhava com ele chamou a namorada, a namorada topou, lá vai ele com máquina fotográfica... E aí começaram todo um trabalho que terminou com aquela coisa. Mas aí é que entra uma história. Acabaram desistindo e botando uma boca com uma bola de gude dentro. Agora, não adianta contar. Hoje estou contando isso, amanhã todo mundo vai dizer que é mentira, porque a história do cu é muito mais interessante. Quando uma história é interessante a verdade não vale nada. Teve uma moça que fez um esforço, saiu atrás desse rapaz, entrevistou ele, descobriu isso. Me pediu licença como se fosse me prejudicar pra dizer a verdade. Eu digo: pode dizer. Ela disse, no outro minuto todo mundo esqueceu dela. Vade retro Satanás! Não me venha com essa história triste, eu quero a história alegre.

E a história é boa, né?

E a ideia do Décio já é um poema, não é? Isso nunca saiu aqui, nunca foi contado no Brasil. Me lembro que o disco ficou pronto, como a capa era muito boa, ficou visto assim na rua, e, como eu ainda feito sucesso no disco anterior, ainda pensavam que eu ia vender. Então a capa estava na vitrine. Aí tinha gente que dizia: "poxa, eu vi um cu na Praça da República". Porque aquilo era um negócio de antiditadura danada, qualquer coisa que fosse rebelde era. Então era uma glória: Eu fui na Praça da República ver o cu da capa do Tom Zé e tal, mas nunca se falou isso... Quem veio a falar isso foi o David Byrne, quando lançou o disco *The Best of Tom Zé*, que fez o comentário, aí essa coisa se espalhou pelo Brasil.

Até lá acreditou-se ser a foto de um cu?

Até lá não sabia-se o que era aquilo, era um olho, o disco era *Todos os olhos*, era um olho.

Vamos lá para o nosso querido *Estudando o samba.*

Há algum tempo uma coisa vinha me influenciando muito: minhas aulas de instrumentação. Não era nem com o Koellreutter e nem com o [Ernst] Widmer, era com o italiano Sérgio Magnani, um velho maestro de ópera, maravilhoso. E alguma coisa que estudava lá naquela forma mais ou menos popular espanhola que se chama... agora esqueci o nome. Que sempre trabalha com ostinato no baixo. Ostinato quer dizer uma frase repetida... deixa eu aprender isso aqui. Muito bem. Comecei a fabricar uns instrumentos experimentais no princípio dos anos 1970. E tudo nasceu de uma dia em que eu quis fazer uma harmonia pra "A noite do meu bem" [de Dolores Duran]. "...Hoje eu quero a rosa mais linda que houver e a estrela primeira que vier, pra enfeitar a noite do meu bem...". Eu queria fazer uma harmonia bem feita, como eu, estudante de harmonia, gostava de fazer, passei um dia todo trabalhando. Quando foi de tarde fui tocar a harmonia falei: "isso é medíocre, isso não é nada". Puxa. Fiz o seguinte cálculo, a minha criança louca fez o seguinte cálculo. Quando eu invento de fazer uma maluquice, de uma maneira com que eu organizo a maluquice, organizo a coisa que está entre o limite do que é ruído e do que é música, eu sempre consigo com muito menos trabalho um resultado imediato bom. Falei: "ah, não vou fazer mais essa canção". O arranjo dela, que foi completamente diferente, completamente louco, está também no disco *Todos os olhos*, se não me engano. Ou já está até no disco anterior, que é o disco que já tinha alguma experimentalidade, *Se o caso é chorar.*

Qual o nome da canção?

"A noite do meu bem". É um arranjo impressionante. Eu adoro esse arranjo. Quem gaba o toco é a coruja. Elogio em boca própria é vitupério. Então, como diz o nordestino, eu estou aqui vituperando. Bom, a partir desse momento eu comecei a dar muito crédito e investir muito nas ideias. Nas ideias que não tinham a ver com a música convencional, formal. E aí Neusa [esposa] participou de uma maneira gozada. Ela me deu uma enceradeira travada e me disse: "por favor, leve pra consertar". Botei a enceradeira pra trabalhar, quando parava, eu falava: "ô!" Quando parava, ela parava logo. Ela estava presa. Porque uma enceradeira tem um diminuendo imenso, parece um instrumento de música; passa, não passa, toca, não toca. Aí fiquei brincando de cantar uma percussão. Passei a ser meu lado percussionista, que depois eu vou até dizer por que é que eu acho que eu tinha isso. Quando eu era pequeno, eu fui criado numa casa vizinha do Clube de Irará, o lugar onde a banda tocava com aquela bateria escrito "Jaze Ideal", "Jaze" com um "z" só e um "e", o nome da banda de Irará, dos moleques lá. Dos moleques, não, dos músicos velhos. Ficava junto do meu quarto. Quando eu dormia, era encostado na parede com o bumbo tocando. E o bumbo era o que passava. Então, mal ou bem eu tinha essa cosmogônica intimidade com o som da percussão. Então nesse ano de 1972, 73 essa coisa voltou e eu comecei a pensar que a guitarra podia regredir, também, além da enceradeira. Vamos para enceradeira primeiro pra terminar. Então pedi a Neusa uma enceradeira mais velha ainda que a gente tinha e comecei a botar algodão, até fazer ela repetir o que a outra fazia. O instrumento da enceradeira depois, que aliás vocês estão vendo aqui. Não era assim, simplesmente tocando motores de enceradeira. Eram microfones acoplados no corpo de metal das enceradeiras, que eram levados pra uma mesa, e cada som daqueles, tratado. Então a platéia não via o motor da enceradeira. Ouvia quando a gente acionava um dos microfones com som. Era uma coisa muito mais sofisticada. Mas aí veio o negócio da bateria que começou a bater no meu coração. Eu pensei da aula do Magnani, pensei nessa coisa do *ostinato*. Não sei porque tive a ideia de botar uma bateria de samba tocando, um samba bem quadrado, e aí em cima daquilo ia tocando. Esse *ostinato* é o ostinato do "Nave Maria", no *Estudando o samba*, e do "Mã". Eu fiquei encantado, porque isso modificava completamente o caráter do samba, entende? Dava um molho no samba.

Como você chegou nessa frase?

Comecei a tocar milhões de frases. Até que cheguei nessa. Essa acabou ficando, agora eu tive que redecorar ela, porque eu aprendo a coisa, ensino as músicas e esqueço. Naturalmente a tempo dois por quatro. E comecei a gostar disso. Eu ia mostrando a Neusa de vez em quando, ela dizia: "é interessante". Eu aí disse assim: "ora, eu já tenho uma bateria com uma coisa boa... era bom que eu fizesse...". Tinha uma coisa que eu pensava. Ia ser tocado pelo baixo e pela guitarra, um oitava acima. A guitarra com aquela distorção de 1950, para ficar parecendo uma porrada de instrumento, a distorção antiga. E aí eu falei: "eu preciso botar mais ritmos". Aí pensei nos cavaquinhos. Os cavaquinhos se tornariam a marca registrada de Tom Zé nos Estados Unidos. O cavaquinho pra mim ia fazer a coisa de abrir o acorde. Porque eu pensava um negócio, dizia assim: "meu Deus é engraçado, esse microfone, deixa eu bater ele aqui." Esse microfone grava. Uma coisa muito mais aguda do que as bandas tocam. Essa caixinha toca e se ouve. Por que o céu só tem estrela até aqui? Daqui em diante não tem estrela? Ninguém grava depois de 3 mil Hz. Só se grava até 3 mil Hz mais ou menos. Quer dizer, você sabe que o bumbo da bateria tem 16 Hz, que o baixo mais grave que se ouve é 16 vibrações por segundo e quando chega em 3 mil as bandas deixam o teclado ali um pouco agudo, a última posição da guitarra e abandona-se aquilo. Eu falei: "puxa, não é possível que a gente jogue fora essa capacidade que tem de se gravar, de se ouvir".

Sendo que tanto a guitarra e o baixo, quanto o cavaquinho, estavam regredindo na sua história de instrumento e voltando a ser próprios instrumentos. Quer dizer, eles estão sendo inventados agora, ainda não fazem nem música, só fazem ritmo. Tanto que eu usava muito uma coisa geométrica. Por exemplo, mandava o outro músico tocar a mesma geometria em duas outras cordas. E aí fazendo isso e todo mundo tocando ao mesmo tempo. A mesma frase, que saía uma espécie de politonalidade sem controle. Depois tive que educar um pouco isso, porque o estudo não pegava. Eu tinha uma fita básica com uma batida de samba: mais lento, mais rápido, mais devagar. Sempre samba quadrado. Mais lento, médio, lento e rápido. Aí ficava o dia todo tentando ideias que iriam ser ostinatos pra serem tocados no baixo e na guitarra. Quando uma coisa ficava mais ou menos, eu mostrava pra Neusa ela dizia: "é, isso já está bom". Aí eu ia compor a parte aguda do ritmo, porque aí a guitarra entrava na cozinha, o baixo entrava na cozinha. Realmente fazendo o papel de percussão e não de instrumento de harmonia. Tanto que essas músicas todas, como "Nave Maria", e "Mã" só têm um acorde. Elas são em Dó. O tempo todo estou cantando em cima de um acorde só. Bom, quer dizer, não tem harmonia. Um acorde só não tem harmonia, não é? uma coisa parada não tem harmonia. Harmonia são funções relativas que tem o repouso, o salto, atenção, o repouso. É essa a definição de harmonia. Então comecei a fazer um trabalho que era só ritmo. Por isso os ostinatos. Os *ostinatos*, tanto de cavaquinho, quanto de contra baixo e guitarra. Eu me lembro que quando foi

ESTUDANDO O SAMBA **37**

lançado nos Estados Unidos, os caras ficaram sem nome pra dar ao negócio. "Que nome dar a isso", diziam... eu me lembro que uma revista falou assim: "Gilberto Gil misturado com minimalismo". Não tem nada a ver com minimalismo. Ostinato com minimalismo é outra coisa, muito bonita, mas é outra coisa. Deram nome de toda espécie, no princípio tentaram achar um nome e acabaram não tendo nome pra dar, porque realmente era uma certa descoberta. É claro que eu não fiz isso sozinho, eu chupei de coisas antigas. Tudo novo vem do antigo, não é?

Vamos ouvir "Mã"...

O samba quadrado. Bem quadrado, de seco ao pé na bateria. Pedi a ele fosse o mais quadrada possível. As excelências cantadas na minha infância. O folclore é claro que tem. Agora vai entrar. Esse disco passou dez anos com um elogio só. A entrada do cavaquinho foi o único elogio que eu recebi durante 10 anos. O ostinato começa pela metade só, né? Bom, aí deu uma parada, porque esse momento é emocionante. Quando entra essa segunda menor, que lá é feito com dois cavaquinhos, um no Mi natural e outra no Mi bemol. Esse segunda menor foi o único elogio que esse disco recebeu em 10 anos foi o seguinte. O [José] Briamonte levou os instrumentistas de sopro pra tocarem. Então o hábito naquele tempo, que não tinha computador, era a fita tocar toda e os músicos contarem os compassos. E aí estavam sentados lá todos aqueles músicos que tocaram em nossos primeiros discos, inclusive o Bolão que lá não estava tocando flauta, estava tocando sax alto. E o Bolão lá encostado assim, contando, né, aquele negócio: um-dois, aquele porre de contar número, contar quarenta compassos sei lá o que. Aí quando entrou essa segunda menor ele abriu um olho assim, rapaz, olhou pra caixa de som, continuou ouvindo um pouquinho, depois... eu acho que ele perdeu até a contagem. Esse foi o único elogio que esse disco recebeu até David Byrne ouvir ele. Você ouviu e gostou, mas eu não encontrei com você. Eu tentava mostrar esse disco. Eu chegava para o Décio Pignatari... "Décio, eu abri as pernas, fiz um disco de samba sem vergonha!" Para poder me ouvir, eu pensava que não era sem vergonha. O disco até eu que não sabia se botava o nome "Entortando o samba". Achei muito metido a besta. Botei, "Estudando o samba", porque era menos metido a besta. Aí o Décio viu, falou: "não, não é nada demais e tal"... Eu aprendi, também, a lidar com detalhe. Não estou falando para ... pra lidar com o ciúme dos amigos. Então lá vão as coisas rolando, durante dez anos o elogio, foi esse elogio do Bolão. Olhou pra caixa de som como tivesse saído um absurdo da caixa de som. Eu estava ali dentro do, no estúdio. Eu estava dentro do aquário esperando a gravação, vendo, acompanhando, e quando eu vi isso recebi o elogio, que eu entendi que ele tinha dito: "puxa, como é que aparece essa segunda menor aqui!".

Esse *ostinato* tem muito a ver com o rock. Cabe no rock isso aí, é quase metal. Você acha coincidência?

Não sei... Olha eu vou lhe contar uma coisa, uma das maiores emoções da minha vida foi em 1956, eu era do primeiro ano de colégio; eu entrei no cinema Excelsior, duas horas da tarde pra filar a aula, me sentei, começou um filme chamado, *No balanço das horas*. Quando Bill Haley começou com aquele "Rock around the clock", eu comecei a chorar. Mas naquele tempo chorar era feio! Homem não chorava. Principalmente chorar era feio... até agora eu fico arrepiado. Porque como minha família é uma família comunista e comunista tem negócio de cultura, de música clássica, eu estava acostumado a ouvir Beethoven, estava acostumado até com Stravinsky, botar esses tempos completamente fora de lugar com compassos compostos, o diabo lá na *Sagração da Primavera*, mas de uma maneira tão radical e tão de chofre, como Bill Haley bota no arranjo de "Rock around the clock"... Foi nesse momento em que eu vi o Bill Haley tocando, que eu entendi, compreendi realmente, que a terra estava solta no espaço. Aqueles compassos fora do lugar, foi que me disseram, realmente a terra não está presa a nada. Se disser isso tudo aí, você não acredita. Só na hora que eu vi o Bill Haley é que eu acreditei. A terra tá solta. Aí senti aquela vertigem. O disco dele me botou na vertigem, no choro, na emoção. Que a estética quando vem, pega você sem pele, só os nervos à flor da pele, quando a coisa esteticamente forte que pega, você vai pro diabo, você vai pro céu, pro inferno. Aquela coisa que dói as dissonâncias, os contratempos doem no corpo todo! Chora, brilha e tal. E tem isso também que pode dizer: ah, você nunca teve nada com rock. Não sei. "Rock around the clock" me pirou, me fez chorar uma tarde inteira.

De saiu a ideia de botar a distorção aí?
A distorção [na guitarra de Heraldo Monte] foi o seguinte. Quando tivemos a ideia era com muitos instrumentos, era uma viola, aqui no grave, um contrabaixo, outro violão, aquela coisa geométrica de que falei, de desenho. O pessoal dizia: "não dá, Tom Zé, para gravar. Não dá porque sai muito ruído de unha, de dedo, tem que diminuir, diminuir". Diminuir a quantidade de instrumento. Para fazer isso descobri que a guitarra com a distorção soa como uma dúzia de instrumentos, parecia até heavy metal, mesmo. Parecia metal, e do ponto de vista de gravação facilitava o problema do técnico. Foi um trabalho que lembra da época das aulas de instrumentação de Sergio Magnani, aquilo de reduzir, reduzir, reduzir.

Mais tarde aqui na gravação, vai entrando o naipe de metais. Essa metaleira você colocou lá...?

Veja bem, isso foi no tempo em que você podia gravar um disco com uma orquestra e quando eu fui para o Briamonte, eu falei: "Bria, isso foi uma coisa linda"... porque o Briamonte é muito carinhoso e o carinho dele acaba entendendo. Teve dois maestros com quem convivi muito bem, não foi nem o Rogério Duprat, que foi outro tipo de convivência, porque ele tem uma importância muito grande na concepção desse disco por causa de uma coisa que ele me disse. Mas [José] Briamonte e [Héctor] Lagna Fietta, que foi quem fez também os últimos arranjos do Toquinho e Vinícius, das últimas parcerias de Vinícius, era uma pessoa que eu chegava com a ideia — eu não tinha nem o trabalho de escrever — dizia: "eu queria", tocava no violão, e dizia que os violinos fossem assim e, ele dizia: "pode deixar que eu ajeito", escrevia, e ajeitava e realmente consertava. O Bria foi assim, eu falei: "Bria, aqui agora essa música vai ficar repetindo isso a sessão de metais precisa fazer uma coisa que seja, é, quase fora da música". Ele falou: "Como, Tom Zé? Uma coisa, por exemplo, assim?" e tocou no piano, eu falei: "porra Briamonte é isso mesmo, você é capaz de repetir?" Aí ele pegou um radinho em cima do piano e disse: "isso aqui eu gravei". [Risos]

Você não toca na faixa né? Você tá nesse coro?

Não toco nada nessa música. No coro eu estou. "Batiza esse neném..." Essa música a gente ensinava os músicos, porque ficou o Heraldo [Monte], que foi produtor, o Edson no violão, o baixista, Cláudio, Dirceu, a gente aí chegava e levava as ideias. O Heraldo e eles todos, aqueles monstros. Porque Heraldo é assim, você pensa, quando você vai pedir a ele, ele já entendeu, ele já toca.

Você que pensou o nome do Heraldo Monte pra produtor desse disco?

Fui eu que pedi. Isso sim é um negócio digno de comentário. Eu ficava muito triste quando ouvia músicos de tal potencialidade ficarem amarrados em uma partitura. Toda gravação nossa, dos anos 1970, 71, 68, 69, eu dizia: "Nossa Senhora, se pudesse fazer esses homens se divertirem!" Tanto que, às vezes eu cantava a música, mas eles não estavam nem afim de saber, era lá duas horas para gravar três bases. "Então vamos logo, rapaz que bobagem é essa? Isso aí a gente já toca brincando, toca bem e realmente". Mas aí eu queria e dessa vez eu falei: "não, Heraldo, eu quero que você veja como é", e a Continental me deu essa liberdade, o González, como é o nome dele? Ah daqui a pouco me lembro o nome dele. [Pocho Perez] Eu tenho muito carinho com ele também que era o diretor artístico da Continental. Ele deixou a gente gastar mais horas de estúdio. E aí, por exemplo, o arranjo de "Ui! (Você inventa)"... "Eu invento, ai!", foi feito na hora, aquela coisa barroca, contrapontística.

Você chamou o Heraldo Monte, que é de Pernambuco né?

É de Pernambuco. Eu via Heraldo no estúdio desde que cheguei aqui em São Paulo, estava lá. Tinha aquele quadro gozado, estava a Lourdes, a mulher dele, que hoje é nossa amiga e naquele tempo era mocinha, sentada fazendo tricô e ele tocando. Era a única mulher de músico que ia para o estúdio. Às vezes eu virava para o Bolão e dizia: "Bolão está aqui a parte, não toque o que está escrito aqui, toque a sua vontade, ouça uma vez para ver o que é, eu vou cantar para você entender", porque eles tocavam sem ouvir a música. Aí você faz o que você quiser. Eu deixava uma voz guia lá, que isso já era uma confusão no estúdio. Com músico eu tinha mais intimidade, às vezes mudava o arranjo, estava uma coisa que eu, o Lagna Fietta ia comigo, eu pedia: Lagna, eu pensava que o contrabaixo podia fazer esse baixo, porque aí já é o pensamento do *ostinato*, mas o contrabaixo no disco antigo é quase inaudível, é só o fazedor da caixa. "Ah, vamos botar um fagote dobrando, aí a gente mudava a partitura no estúdio", tinha essa coisa, como eu entendia um pouco o mundo do arranjo o maestro ficava alegre de colaborar comigo.

A *felicidade*

É um três por quatro isso?

É um três por quatro! Eu canto pensando dois por quatro.

O que é esse ruído?

Violão na mão.

Nossa, parecem duas coisas, Tom Zé.

Sim! Foi assim, o professor de português da TV Cultura me pediu para cantar "Tristeza não tem fim, felicidade sim", eu falei: "vamos fazer melhor, vamos cantar nesse 'Tristeza não tem fim'"... e eu pensando em dois... "felicidade sim". E aí cantava só isso. Eu falei: "Poxa, deixa eu fazer o resto dessa música que fica legal", aí fiz toda e quando veio a ideia do *Estudando o Samba*, é claro, fizemos essa brincadeira.

Praticamente desconstruiu a composição original. Ou reconstruiu.

E o engraçado é fazer outra harmonia, porque a Bossa Nova é uma coisa que é como música erudita, a harmonia já vem escrita. Se você for mexer naquilo vai dar um bolo arretado. Fiz uma harmonia diferente, o Vicente, é claro, me dando orientação, "tá certo, tá errado", porque Vicente Barreto é craque. Mas eu meti a mão com meu espírito bárbaro.

Tem uma intervenção da orquestra aqui, que me lembra muito uma coisa Tropicalista.

No princípio, logo que a orquestra entra. Isso eu combinei muito com Briamonte que eu queria que fosse um canhão... Pronto. E tem bum lá no fim que é o tiro de canhão, como se fosse uma parada militar sufocando a felicidade. Mas é claro que a gente tinha que fazer isso com muito medo, porque até a Censura começou a ficar mais suscetível e mais sensível à coisas que antigamente passavam como água entre os dedos e, a gente fazia com um pouco de medo, não é?

Toc

Essa aqui é interessante. Isso aqui é incrível. Tem muita experimentação aqui, né?

Foi uma ideia, uma ideia que partiu assim, vamos dizer: eu escrevo um compasso de samba normal, quadrado, num elástico, e vou estirando e cada hora o compasso fica mais ... umas notas mais distantes da outra. Quem fez o improviso inicial que deu inicio a isso, foi uma banda que era muito inocente do ponto de vista da experimentalidade, que era o Grupo Capote, mas eu passava dias com eles. Por exemplo, toquei aí, se não me engano, percussão e o Odair tocava um tambor, alguém tocava, o Coelho tocava uma viola. Enfim, pedi a eles que tocassem sempre no 2 por 4. Mas que nunca tocassem no mesmo lugar que tinham tocado antes, nem no mesmo tempo do 2 por 4, pensando em oito tempos. Que sempre tocasse completamente diferente do que tinha tocado antes. Então, todo mundo tocando dessa maneira, de vez em quando saía combinações maravilhosas. Na base do *Ad libitum*, como se diz em música erudita. E aí tocava horas, horas, manhãs, tardes inteiras. E depois eu ficava ouvindo. Um dia eu achei um trecho que ficava muito interessante, peguei outro trecho de outro dia e comecei a juntar esses trechos e fiz a peça. Emendando fitas. Como passou a ser moda vários anos depois.

Tô

Essa levada de violão é do Vicente, né?
Sim, pode ser o Vicente sim. Essa frase me custou dores profundas.

Qual frase?
"To te explicando pra te confundir, estou te confundindo pra te esclarecer."

O que te custou isso?
Dores terríveis. Eu, completamente no ostracismo, esquecido, não era artista, não era lembrado, não era nada. O programa do Chacrinha, que era o programa mais popular que todo artista que estava na moda ia, lá falando a minha frase: "eu não vim pra explicar, eu vim pra confundir".

Chacrinha...
Correto! Tirou desse disco. E só quando David Byrne lançou o disco foi que veio a revelar isso... Quando você está por baixo, acontece uma coisa interessante. Você não tem coragem nem de

reclamar o que é seu. Eu não queria nem tocar no Chacrinha. Eu não tinha banda, não tinha nada. Aí falei assim: olha, pelo amor de Deus, vai ver que a Continental vai lá reclamar... A Continental nem sabia que essas frases eram nossas. Vai lá reclamar e tal. O Tárik de Souza teve uma participação importantíssima entre isso e o Chacrinha. Eu fui proibido de ser falado, de ser citado na revista *Veja* desde 1969 até 1976.

Por conta de quê?

Por causa da questão do "2001", que botaram nas malhas de inverno da Rhodia, no verão de 1968 e não pagaram um tostão. Rita Lee disse: "não, isso é a letra, isso é com Tom Zé". Aí a revista *Veja* também se declarou ré, porque era melhor que ela fosse a ré. E aí o caso rolou não sei quantos anos. Eu ganhei a causa, me pagaram lá um dinheiro que acabou se perdendo. Até dinheiro, Deus me perdoe, dinheiro excomungado danado! Deus me perdoe! Deus abençoe a eles e tal. E não se falava de mim. Em 1976 o Tárik de Souza conseguiu liberação pra falar de mim. Então ele se admirou muito desse verso e botou: "tô te explicando pra te confundir, tô te confundindo pra te esclarecer". Muito visto na revista *Veja*, que era o *Jornal Nacional* daquele tempo. Duas semanas depois ele foi se despedir da revista pra ir para o *Jornal do Brasil*, deram permissão. E aí ele tornou botar lá: "tô te explicando pra te confundir, tô te confundindo pra te esclarecer". Uma semana depois aparece o Chacrinha falando. Aí você com um achado sensacional daquele, completamente esquecido, não se fala, não é nada. Aniversário de Tropicalismo eu fui como o Trotsky, que fui tirado do retrato. O diabo e todas essas coisas, essas humilhações acontecendo. E o Chacrinha falando uma frase minha toda a semana na televisão.

Quem fez o que nessa música? Essa parceria tua com o Elton Medeiros...

O Elton [Medeiros] veio. Nesse tempo ele era casado com uma moça que também chamava-se Neusa, uma pessoa muito prática, muito engraçada. E nós ficamos no quarto fazendo duas músicas. O Guilherme Araújo tinha estabelecido uma ideia de parceria. Eu tinha um começo de uma ideia, não me lembro se era essa ou a outra, chamada "Mãe solteira". Ficaram duas músicas lindas. E nós ficamos no quarto, aquele negócio de compositor conversando. Aí de vez em quando a Neusa, mulher dele, dizia: "quantas músicas já fizeram pra estarem aí jogando tempo fora conversando". Não, a gente aí dizia: "é mesmo, vamos fazer!" E acabamos deixando isso bem encaminhado. Mas eu sou uma coisa no mundo da música, que os outros parceiros todos gostam muito. Eu sou um lapidador incansável. Eu fico ali tirando aspas, tirando coisas. Quando ele ouviu a ideia inicial ele falou: "pô, Tom Zé, você mudou tudo?" Eu falei: "mas é nosso samba". E aí, uma eu botei o nome dele primeiro, que é essa que ele fez mais a música. E a outra eu botei o meu nome primeiro, porque eu fiz o refrão. O refrão sempre é mais importante. A outra canção, chamada "Mãe solteira". E ele, acho, nunca esperava dessa parceria extra conjugal, digamos assim, que o casamento dele é no mundo do samba. Eu sou um malandro fora de lugar. Nem que fosse trazer o nome dele de vez em quando a pauta. De vez em quando ele é chamado, por causa dessa música. Eu acho que ele deve dizer: "que diabo, essa musicazinha não para de me perseguir".

Você que convidou o Elton pra fazer?

Não. O Guilherme Araújo, o empresário do Tropicalismo, falou com ele, se ele topava fazer umas parcerias comigo. Ele foi me ver fazendo *Rocky Horror Show*. Eu fazia o corcunda, o Riff Raff. Ele foi me ver e achou que era legal, porque você sabe como é, o sambista é uma pessoa que não vai se misturando assim, com A mais B. Achou que eu era uma pessoa possível de salvação, tal, perdoável. Mesmo fazendo um *Rocky Horror Show*, ele aí falou: eu topo. Como eu vim do Rio pra cá, ele veio aqui um dia e nós fizemos esses dois arremedos. Tem um detalhe na música "Toc", que o Kollreuter quando viu (porque eu não tinha coragem de mostrar música a Kollreuter. Os professores lá eu não aborrecia eles com nada.) Mas um dia a Carla Gallo quando fez aquele filme *Quem irá botar dinamite na cabeça do século*, levou o disco pro Kollreuter. Kollreuter é muito sensível a moças bonitas. Eu acho que ele até ouviu o disco do princípio... mas quando ele ouviu o disco, ele aí realmente falou com ela. Ele falou: "aquela música 'Toques', eu perdi o sono". Ele chamava "Toques". Porque, realmente, são toques? Mas a música chama-se "Toc", só. E ele dizia: "aquela música 'Toques', eu perdi o sono. Eu não dormi naquela noite". Aí foi que eu fui ver que realmente esse tipo de composição era muito ao gosto do que a minha escola ensinava. Não é, essa música tinha mesmo muita influência do que a escola ensinava. A escola da Bahia, que eu estudei com ele, em composição com ele e com o [Ernst] Widmer.

Vai (Menina amanhã de manhã)

É você ao violão?

Eu fiz isso plagiando Gil. Eu tive a ideia do violão, mas quem tocou foi Vicente. A mão direita de Vicente não é mole.

Pegada, né?

No fim, que tem aquele negócio Poesia Concreta. Vai tirando uma letra. Aí vai passando a mão na moça... A música acaba com um chiado. Quando a gente faz show hoje, a gente exagera. Bom, essa música eu fiz plagiando o Gil. Quando o Gil... a levada nem chega aos pés. Mas quando Gil fez a levada de "Expresso 2222", eu falei: "que coisa engraçada essa levada é completamente diferente". Aí eu tentei imitar ele. É claro que nunca chego lá. Aí fiz essa levada... Vicente tocava com uma brilhante mão direita dele.

Fala um pouco desse finalzinho. A poesia que você inseriu nesse finalzinho.
A convivência com o pessoal da poesia concreta nos inspirava muita coisa. Aí tive essa ideia de ir fazendo supressão, de forma que: "...menina a felicidade é cheia de pano, é cheia de peno, é cheia de sino, é cheia de sono..." Aí ia tirando uma letra. "... menina a felicidade é cheia de ano, é cheia de eno, é cheia de ino, é cheia de ono... Menina a felicidade é cheia an, é cheia de en, é cheia de in, é cheia de on... Menina a felicidade é chegar a, é cheia de e, é cheia de i, é cheia de o..." Aí vai ficando uma coisa mesmo do próprio amor, que é cheio de a, e, o ... a coisa animal.

Ui! (*Você inventa*)

Vamos falar um pouquinho dessa letra bem humorada?
Você sabe, uma vez, o José Miguel Wisnik estava dando uma aula sobre a história da música erudita. E no fim eu estava assistindo, porque eu sempre gosto das coisas de José Miguel. No fim ele me pediu pra cantar essa música, eu falei: ah, já sei. Por causa dessas interjeições substantivadas. "Você inventa grite, eu invento ai. Você inventa chore, eu invento ui." É bom você falar disso, porque a luta para pescar o ouvinte sempre foi uma coisa desde o tempo que eu não era nada. Eu desisti de fazer música, comecei a fazer pescaria, no sentido musical. Tudo

que eu fiz na minha vida é para pescar a atenção do ouvinte. Eu não faço nada... Como é que se diz, eu sou o compositor mas... eu não tenho nenhuma independência. Independência só me faz mal. Eu sou completamente escravo dessa perseguição da atenção. Tudo que possa dar algum choque nas pessoas. Então, essa coisa de usar as interjeições como parte de uma estrutura quase verbal. Porque a interjeição é um soco no verbo, um soco na sintaxe de qualquer língua. É um pequeno, a presença de uma coisa quase que verbo e vocal, onde o voco é mais importante do que a semântica. Eu fazia parte dessas pilhérias que eternamente eu fui procurador "...Ê, ê, de manhã, ê, ê, ê domingo... o dique tá nascendo, ê, ê no domingar..." Aí Torquato Neto me ligava: "Tom Zé vou tomar uma palavra sua, vou roubar uma palavra sua". Eu digo: "caramba, Torquato, você está falando em roubar". Eu vejo essas coisas, todo mundo sai por aí usando..."... tempo com meu tempo, a noite toda e adiou. Vento soprou vento e o verão desinvernou..." É uma das primeiras canções minhas. Isso com uma série de quartas. Deixa eu ver se eu seria capaz de me lembrar. [toca violão] Agora não consigo me lembrar. Enfim, uma série de quartas. Todo acorde acaba se tornando dominante de uma nova tônica. Essa febre de procurar uma coisa que fosse diferente. Não porque eu quisesse ser diferente. Justamente porque eu era incapaz de fazer um certo bem feito. Isso também me custa... Não me custava só aquilo que faz com que nos Estados Unidos me chamem de artista singular, não custava isso. Eu me lembro que Chico de Assis mandou eu fazer uma marchinha pra cantar na concha acústica de Salvador, em 1962, na abertura da peça *Fuzis da Senhora Carrar*. Eu aí fui pra casa e pra mim tinha que fazer modulação, senão eu não acertava fazer nada. Lá vai eu fazendo modulação, Chico disse: "ainda tá longe de popular"!

Mas a inspiração pra essa letra é muito interessante. É muito divertida, bem humorada, irônica. Quase todas as tuas letras tem essa característica...

Pra não virar música de protesto...

Você busca inspiração onde? Quais poetas que você lê, as ferramentas que você usa pra escrever essas letras...

Hoje a Neusa me viciou a ler os poetas todos e não quero nem tentar a enumerar. Tem muitos que eu aprendi a gostar mesmo. Mas tem uma coisa que precisa levar em consideração na nossa educação, aquilo que eu falei. Nós nascemos numa escola de poetas provençais. A própria língua do povo da roça... na infância eu fui bilíngue. Hoje eu falo inglês, não falo nem inglês, falar inglês é uma desgraça. Então eu só falo português, hoje, mas quando eu era criança eu falava duas línguas. Falava a língua da rua e a língua da roça. A língua da roça é completamente diferente. Outra sintaxe, outra cosmogomia, outra maneira de ver cada língua. Abra qualquer página de Guimarães Rosa que lá fala a língua do balcão da loja do meu pai. "Vósmecê me adjutora"... E por aí vai, uma língua que é um português muito antigo e também uma construção sintática muito diferente do português falado em cidade. E como criança é rápida pra aprender e essa língua vinha em formas de histórias. Que o homem que ia comprar no balcão da loja do meu pai, ele ia na loja como quem vai em Paris. Lá é onde ele ia ver a cidade, o mundo. Era grande, aquela coisa todo ano igual, a loja arrumada do mesmo jeito... mas era tudo pra ele era novo. Conversar conosco e contar, que o nordestino sabe falar. É uma coisa que é praticada com certa elegância, o falar nordestino. E aí também os cantores. Aquele negócio que eu digo: "é um dia, é um dado, é um dedo, chapéu de dedo é dedal", é esse meu professor de poesia. "É um dia, é um dado, é um dedo, chapéu de dedo é dedal", que é o exemplo mais cabal da coisa provençal, de que o sonho e o sentido devem um estar amalgamado no outro. E aí depois o contato com o pessoal da poesia concreta aqui em São Paulo, que amava muito os poetas provençais e por isso mesmo amava os improvisadores nordestinos, que eles têm aquela – "quem a paca cara, comprará, paca cara pagará", sei lá como é, do Zé Pretinho mais não sei quem, que o Augusto e o pessoal ama e analisa e tal. E depois eu acompanhei as traduções que ele fazia da Marcabru, agora me esqueci o nome dos poetas provençais. Que aí é que a gente vai ver mesmo que a gente nasceu no mundo em que a poesia tentava fazer isso. Só pra dizer como isso é verdade. Uma banda de jovens franceses... Porque em Paris tem uma coisa gozada. Em Paris não tem nenhum artista francês, na França, não toca no rádio, lugar nenhum, nenhum artista. Todos os artistas são da costa da África. Francês não tem nenhum fazendo sucesso lá. A não ser aqueles grandes franceses clássicos e tal da década passada. Agora, a gravadora não tem nenhum artista francês. E um deles, um grupo desses jovens, procurou saber no Brasil onde era que tinha essa história de fazer improvisação à lá poetas provençais. Aprendeu o português, veio em Pernambuco, aprendeu o tipo de verso, voltou pra fazer em francês. E faz hoje e canta em francês. Você como é essa coisa. Em Pernambuco o pessoal conhece essa banda. Eles passaram dois anos lá.

Isso na forma de falar, conversar na cidade...
Minha escola era essa, não é, minha escola era essa. Aí eu vou para o ginásio, para o colégio, para uma escola de música sofisticada. Aí aquilo que eles ensinavam a fazer com música, eu também tentava fazer com as palavras. E tentava brincar, achar saídas. Porque eu também dizia assim: não sou poeta. Eu posso surpreender a sociedade quando ela baixa a guarda. E aí é preci-

so surpreender com uma certa esperteza. Eu preciso... quando a sociedade baixa a guarda, eu vejo que ela não quer mostrar e aí eu preciso registrar isso com uma certa esperteza.

Índice

Você fala que não é poeta, mas olhando a relação das músicas do Estudando o Samba, você pode surpreender.
"Índice" é a música onde [a relação das músicas] é transformada numa quase texto. Então, toque a última música. Que é com essa letra... tentando fazer quase uma proto-língua, uma cadeia de Markov... Pra poder virar... a última música, a décima... "A felicidade" do Jobim. Essa: "Só" e "Dó", são duas canções. "Só", "Dó" e "Si" são três músicas. Mamãe, que é "Mã" e "Mãe", tem as duas músicas. "Tô" e "Só". Vai, Mãe, Heim?, "Ui" é outra música. "A felicidade" que é a do Jobim.

Você fez "Índice" depois de ter feito as músicas ou antes?
Quando eu estava fazendo as músicas, eu tive a ideia de fazer "Índice". Então botei títulos monossilábicos pra no fim fazer uma canção onde eu cantava esses títulos. Eu fiz uma série de quartas. É o estudo com dissonância. Mi Bemol, isso tudo com dissonância, aí é claro fica uma zorra pra cantar isso.

Dói

Agora vai chegar o que eu gosto mais, que são os contratempos. Sobre isso eu [preciso] contar um episódio com o [Gilberto] Gil. Esses contratempos.

O que é do Gil que você quer contar?

Ah, rapaz, negócio impressionante. Fuxico de grupo, né? Eu estava fazendo show com a Gal em 1969 no Rio de Janeiro, essa música ainda não era gravada nem nada. Eu estava cantando no show com o conjunto Os Brasões. Chama-se "Dói". Aí o Gil — que estava preso na Bahia, só podia circular em Salvador, mas não podia sair de lá — conseguiu uma liberdade pra ir ao Rio. E estava um fuxico que eu estava muito ruim, que eu não estava mais legal, que eu estava fazendo umas porcarias, que não sei o quê. Estava gente querendo tomar o poder lá, não adianta fazer fuxico, nem falar mal de almas que estão aqui, que já foram, Deus abençoe a todos e tal. Aí quando acabou o show, todo mundo ficou pra conversar com Gil. Aí sentamos todos assim, como é que diz, insidiosos e não insidiosos e tal, eu, Gal, todo mundo sentou. Aí o Gil começou, bateu em mim e disse assim: "o que é que tem de errado com você?" Falei: "porra, estou fudido! É hoje!". "O que é que tem de errado com você?" Todo mundo aquele silêncio, né? Eu fiquei vermelho, naturalmente. Aí ele dava um passo falava: "o que que tem de errado com você?" Aí depois de cinco minutos eu falei: "a carapuça já tá pegando na metade da sala! Todo mundo tá dizendo que eu tô errado e ele tá"... Aí depois ele falou: "essas duas músicas novas, uma foi essa, que eu ouvi aí. Pode tocar aqui na Europa e em todo lugar". Que boca santa filha da mãe! Iria tocar, realmente iria fazer sucesso na Europa antes, né, do que aqui. E aí ele passou... a reunião foram 25 minutos, que Gil só disse isso. "O que que há de errado com você?" E acabou e foi embora.

Essa música então é bem antes da gravação desse disco?

Sim, sim. Repare, você não consegue fazer as coisas de piquete. O jeito de cantar, ela era completamente diferente. Era um negócio que tinha um negócio de mandinga, uma coisa assim falando: me pega, me enrola, me bota na cama e aí dava "... ê, ê, teu olhar..." Uma banda sempre fazendo o chão e o canto fazendo o contratempo, né? É "...ê, ê, ê teu olhar..." e tal! E engraçado, agora você vai dizer: "Tom Zé, de onde você tirou?" Eu sei de onde eu tirei isso. Em 1956 eu morava nos Barris [em Salvador] e fui com minhas primas, Ieda e Isnaia. Fui com minhas primas ver um concerto no seminário de música na reitoria. Eu não era aluno da escola, nem sonhava em ser isso. Era um amante de música e tal, e elas também eram moças educadas foram lá ver, minhas primas e tal, fomos lá ver um concerto. Quando nós entramos tinha um concerto que até hoje eu não descobri de quem é direito. Me disseram que é Mozart, que é um concerto de clarinete. E no momento que nós entramos, estava uma coisa curiosíssima que eu nunca mais me esqueci. Era um clarinete que tocava uma nota, "tam", a orquestra toda fazia "té, tum, té"... um concerto clássico do século 18. Uma coisa toda cheia de "tum, té, tum, té, tum, té". Eu fiquei com isso na cabeça, porque era tempo tocando. É Mozart! Me disseram que é o concerto 25. Eu passei 5 anos estudando na escola, nunca mais descobri que diabo de concerto é esse, mas não me esqueci essa coisa, que eu fiquei encantado. Eu guardo muito as lembranças que me comovem. Apesar de eu estar com as primas e as primas serem lindas! Mozart ainda pode chegar a mim. Ainda pode dar um drible nas meninas e chegar a mim. Isso é mais comovente do que a história da música. Porque eu com 20 anos, duas moças de 14, 15, lindas junto de mim, eu ainda pude guardar Mozart e esquecer delas, é fogo. É preciso um amor à música transcendental! E então aquele dia que eu vi o Bill Haley, que eu nunca soube nem falar o nome dele. Agora quase que eu falo certo, né? Está mais ou menos. *Rock around the clock* eu nunca mais esqueci. Está bem, posso dizer que então plagiei.

Eu não sei mais nem tocar, como sempre, né, eu ensino as músicas e me esqueço. Essa invasão de uma coisa que é roqueira. Eu topo dizer que é roqueira. Eu topo, não tenho...

É, pra gente parece bastante.
Então isso eu vi em 1956. Eu me lembro da tarde filando aula. E compus em 1976, o disco foi em 1976. Mas a gente não chega logo. Quando essas ideias são novas, ela por exemplo, "Xique Xique", que é a última versão boa que eu fiz com o José Miguel Wisnik, eu fiz uma versão com o Odair Cabeça de Poeta. E essa música, foi engraçado, eu tirei de uma música de um sertanejo que foi no programa do Adelzon Alves. Em 1975, eu estava fazendo *Rocky Horror Show* e quando eu saía do espetáculo não tinha mais futebol. A única coisa simpática que tinha era na rádio Tupi ou Globo, eu não me lembro, Adelzon Alves. Um cronista muito simpático e tal. E um dia foi um sanfoneiro pernambucano, Abdias! E aí uma das músicas do Abdias, eu caí. Perdi o sono completamente, no outro dia de manhã eu virava pra pessoa: rapaz, o Abdias tocou um negócio no Adelzon Alves. Um negócio assim [imita o som]. E aí comecei a cantar uma coisa dizendo que era do Abdias. Quando foi no dia eu me lembrei, eu já estou cantando quase uma música inteira e essa música não deve ser do Abdias e aí fiz. Era o "Xique Xique". Eu cantava pra dizer que o Abdias tinha tocado uma música com tais característica. Eu plagiei dele a coisa [imita o som] tudo isso era pra poder mostrar como o Abdias tinha feito uma música genial! [ri]

Tem também na sua música Luiz Gonzaga, Jackson?
Sem dúvida. [Na minha música tem] principalmente Jackson [do Pandeiro]. Talvez o Luiz Gonzaga seja o contemplativo, o Jackson eu costumo dizer que no Nordeste, como nós passamos

quatro séculos sem comer proteínas, alimentação do nordestino era assim, não tem arroz, não tem carne. Praticamente era farinha de mandioca e feijão. Hoje, se descobriu que essa mistura é fantástica e tal, por isso que o bicho aguentou lá. Mas eu dizia que o que aguentava o nordestino em pé, a ossatura, era o ritmo. Que no Nordeste o ritmo é Deus desidratado. E que o maior avatar de Deus que tem lá é Jackson do Pandeiro. Que o sujeito fica em pé, não porque os ossos estejam bem alimentados, mas é por causa do ritmo. Osso é ritmo, osso é a parte da baqueta, osso é pau. Osso é pau mesmo, é pau que tem osso, não é pau sem osso, não. E então que o que põe o sertanejo em pé não é nada, é o ritmo. Então, o Jackson tinha muito. Eu me lembro que eu e Álvaro Peres, um amigo meu que era filho de uma família mais assim de Salvador, a gente colecionava discos, LPs do Jackson. Então a gente ia se encontrar pra ouvir e tal e coisa.

É incrível onde ele chegou e o que ele fez, porque ele na verdade só chegou a se alfabetizar quando ele encontrou com Almir, né? Ele quando assinou, ele nem podia assinar, porque ele não escrevia e não lia.

Mas é preciso saber que, de certo modo, eu, Caetano e Gil somos analfabetos assim. Eles são muito instruídos. Mas esse negócio do nordestino ser analfabeto e da própria mulher do Jackson do Pandeiro ter ensinado ele a escrever, disse que o melhor lugar de se aprender uma língua é na cama.

Com duplo sentido, né?

É, com duplo sentido. Os americanos é quem dizem isso! E tem uma coisa o ignorante, o analfabeto no Nordeste é uma coisa completamente diferente, porque eu quero dizer, que eu também sou um analfabeto nordestino no seguinte sentido. Aliás eu vou lembrar você uma coisa, eu cheguei aos seis anos de idade, a gente entrava na escola aos sete anos de idade. Aí meu pai e minha mãe tiveram uma discussão se valia a pena me botar na escola ou não para poder aprender o "be-a-bá", porque os filhos das outras pessoas de Irará, das pessoas que tinham lojas e tal (meu pai tinha loja) tinham ido para escola, tinham saído, tinham abandonado, não escreviam nada. Só a tabuada era o que servia a eles para no balcão ajudar. Mas minha mãe, como meu avô tinham mandado os filhos para universidade, meu avô era um louco completo: "Para que mandar filho para universidade? Para atrapalhar a vida dos filhos?" [Risos]. Aí minha mãe achou que eu devia aprender o primário, por isso que eu aprendi o primário. Mas a gente quando chega no primário na Bahia tem uma coisa, a gente já está formado em outra coisa, está formado numa cultura chamada moçárabe. O Nordestino ficou analfabeto e tendo ficado analfabeto logo quando foi para lá, no século dezesseis e dezessete, ele amava a cultura dos avós e então ele falava a cultura, ele pintava a cultura, ele cantava a cultura, ele dançava a cultura, por isso que o folclore do nordeste é tão forte! É tão forte! E para você ver uma coisa, quando um cantador de viola canta: "É um dia, é um dado, é um dedo, chapéu de dedo é dedal, se você não for embora eu saio e vou me casar...", qualquer coisa, quando ele canta os improvisos dele, ali ele já tem várias peças de confronto. Por exemplo, uma das peças de confronto é a *Saga de Roland*. A *Saga de Roland* é uma coisa que aconteceu no século XI, no reino de Carlos Magno, naquela França da idade média. Aí não é em Provença é mais para o centro da França, Carlos Magno é o heroi símbolo da justiça, todos aqueles amigos dele, me esqueço agora o nome, a noiva que tem um nome, o Oliveiros, aqueles outros amigos e toda a história dele, a maneira que ele procede, o negócio da ética... A ética no Nordeste é um assunto diário, da conversa diária, a ética que aqui se fala quando estuda Aristóteles e coisa que o valha. Muito bem isso é um assunto diário. Aí quando você diz que é analfabeto, tem que dizer, você é analfabeto em relação a Aristóteles, em relação a Euclides, ao espaço Euclidiano, a sua noção de espaço é outra, em relação ao homem de "eu penso logo existo", Descartes, você é analfabeto cartesianamente, mas numa educação não romanizada, chamada moçárabe você é doutor! Então quando Jackson do Pandeiro foi aprender o alfabeto com a mulher dele, foi aprender o alfabeto ocidental. No alfabeto moçárabe e oriental ele já era doutor, tanto que ele fazia músicas lindas! A cosmovisão dele, na língua que ele falava, a cosmovisão contida em cada língua como dizem os linguistas, já era muito sofisticada, tinha uma filosofia muito desenvolvida, tinha uma metafísica altamente sofisticada. Então isso tudo, o jeito de viver nordestino a pessoa nunca pode compreender isso. Eu me lembro que o José Miguel costuma dizer: "olha, quem teve a educação no mundo oral a gente nunca sabe onde é que ele vai parar. Nunca sabe onde é que uma conversa vai parar." É porque veja bem, aquilo que eu volto a falar sobre Tropicalismo, nós como éramos analfabetos da língua de Gutenberg, que é a língua cujo o eixo de transmissão é a palavra escrita, nós imediatamente nos demos com a simpatia, com a segunda revolução industrial. As pessoas intelectualizadas se recusaram, aquilo era uma invasão. Eles estavam certos! Aquilo ia destruir o mundo deles. Quem pode pensar que hoje todas essas máquinas já são completamente diferentes por causa da concepção nova de mundo. Quem pode pensar que no escritório onde vocês trabalham não tem uma máquina de datilografia em cima, só tem computador, cada pessoa tem um computador e parece que aquilo não é nada! Quando eu cheguei em São Paulo, o primeiro computador instalado do SESC ocupava uma sala maior do que essa. Ocupava uma sala maior do que essa, aquele computador da altura de um gigante. E quem é que podia pensar que cada pessoa, vê como isso modificou a vida da criatura, cada pessoa tem um computador, laptop! Laptop?! Quem topa uma brincadeira dessa? Tá louco! O computador cabia dentro de uma sala do SESC e esquentava tanto que o prédio parecia que ia derrubar. O computador de válvula, cada válvula deste tamanho. [risos]

Eu também operei computador de grande porte, daqueles da IBM.
Então, já imagina o mundo de hoje que revolução. Foi essa revolução que se pronunciava no horizonte quando os Tropicalistas chegaram aqui. Enquanto todo o mundo intelectual se recusou e disse que aquilo era alienação, a gente disse: "Mas por quê? Alienação como? O que é aquilo? Eu não conheço nada que tem aqui!", aquilo para mim é tanto quanto que tem aqui graças ao analfabetismo nosso. É claro, "analfabetismo" entre aspas, né? Desculpe, às vezes eu tomo esse entusiasmo...

Mãe solteira

Outra parceria com Elton.
Esses versos são de encantar, "Mãe Solteira". Começa de novo, porque minha irmã tinha ficado grávida e o Citybank botou ela para fora. Simplesmente porque ela tinha ficado grávida. É. "Dorme, dorme meu pecado, minha culpa, minha salvação." Essa letra é bonita. Eu fiz ela com a sutileza do Elton [Medeiros], aquele finório que sabe as emoções humanas.

Por que você fez essa composição para sua irmã?

A minha irmã ficou grávida e o banco (não precisa dizer o banco para não estar criando, falando bobagem) botou ela para fora, simplesmente porque ela era solteira, maluquice! Agora, nos anos 1970! Quer dizer esse disco foi feito em 1976, lá por 73, 74. E eu fiz a música por isso, não tinha dor, não tinha problema nenhum, ela seguiu fez economia, está tudo bem, a Estela.

Mas a canção é melancólica, não? Em ré menor...E depois a música dá uma modulada e vira uma canção de ninar, delicada...

Correto. "Dorme, dorme meu pecado, minha culpa, minha salvação."

Quem fez o quê nessa composição, você lembra?

Como eu botei a música, o nome dele [ficou] depois, eu fiz mais a música, ele fez mais o texto. Por isso que eu digo que tem essa coisa que o homem do morro sabe pegar certas coisas da vida humana com uma finura de bico de pena, como se fosse uma partitura de Ravel, aquela coisa inesperada, aquele timbre que a orquestra nunca pensou de ser capaz. [risos]

Hein?

Vamos para outra que é com o Vicente. Essa é uma das minhas prediletas. Uma das coisas que me chama atenção nessa composição é o baixo reto, né?

O baixo é reto. Quase que não era possível botar um baixo ali. É um samba abaianado!

O "hein" está sempre no contratempo.

Isso! E ele me chegou com essa primeira parte pronta, né, eu cai para trás "Ela disse nego...", eu não toco... "Ela disse nego, nunca me deixe só, mas eu fiz de conta que não ouvi, heim?". Eu disse: Vicente o que é isso? Aí ele fez outra parte e eu falei: "Não, não tá boa." Fez de novo! Não, não tá boa. Aí eu passei um mês, porque eu sou aquele cara que trabalha para fazer uma coisa que tivesse a ver, que saísse por uma harmonia modulando e tal. "Ela arrepiou, e pulou e gritou. Este teu 'hein?' moleque. Já me deu 'hein?'desgosto. Odioso 'hein?' com jeito. Eu te pego 'ui!' bem feito. Prá rua 'vai!' sujeito." Também cheia de interjeições. [risos]

Muito interessante!

Tanta coisa na historia de Vicente vale a pena interromper para te contar isso. Vicente tocava violão, aí apareceu o disco de João Gilberto — ele tirou do disco!

Qual disco?

A Bossa Nova toda. Os primeiros discos, o disco branco, *Chega de saudade*, ele tirou do disco, ninguém ensinou a ele! Ele tirou do ouvido do disco! O maior violonista da terra dele, de Serrinha, eu me esqueço o nome, peça para ele contar esse caso. Um dia entrou na casa dele a mãe dele ficou assombrada: "Seu fulano, o que é que o senhor está fazendo aqui? Ave Maria!" "Não, é o Vicente que eu quero..." "O que é que ele fez? Eu bato nele logo! Ofendeu o senhor?" "Não! Ele não toca violão?" "Toca, mas..."a mãe dele estava assombrada! Ele queria ouvir Vicente tocando, sentou, o maior violonista da região e passou a tarde admirado com aquele mundo da Bossa Nova, um cara sofisticado também! Para poder querer ouvir Bossa Nova, Vicente passou a tarde cantando para ele todas aquelas coisas da Bossa Nova.

O rádio tinha aquela sonoridade, os cantores todos empostados né, era a linguagem. Aí veio o João Gilberto e não é assim! Quer dizer, é de outro jeito. Qual foi o impacto que teve isso quando vocês ouviram o João Gilberto no rádio?

Para simplificar, uma manhã de Agosto, a manhã nublada, eu sentado no CPC, fazendo não sei o quê, daqui a pouco uma voz no rádio, eu parei, encostei no rádio e fiquei ali, quando acabei estava mudo, não ouvi nem direito o nome de quem cantou, nem o que cantou, aí me deu a lembrança de uma pessoa que conversava muito comigo sobre música que a gente gostaria de fazer, aí liguei, eu falei: "Você ouviu?" ele disse: "Não! Mas fulano me ligou que teve uma coisa no rádio agora!" Quer dizer, foi como se caísse o cometa "você ouviu?" "Ouvi! Rapaz!" Eu disse: "É! Disse que é baiano!" "Mas como baiano?" Aí ficamos com o rádio ligado, rádio Excelsior da Bahia ZYD8, ficamos com a rádio ligada até três horas da tarde, tocou novamente. Aí a gente ouviu novamente aquele cometa que caiu no planeta Terra. No outro dia, tinha um acontecimento engraçado. Metade do Brasil, principalmente os professores de música do interior, diziam: "Você já ouviu o cantor que não tem ritmo e canta desafinado?" "Ah, já!" Umas pessoas odiavam: "Aquilo é o fim do mundo, é a porcaria!" não sei o que lá. Outras pessoas amavam, a gente vivia sonhando com isso, quem sabe. Ninguém sabia fazer, ninguém sabia fazer. Aí chegou um rapaz de Salvador que sabia a batida, fizemos fila na porta da casa dele e íamos lá ouvir a batida ao vivo, que coisa sensacional! O acorde de sétima maior na tônica, nossa que coisa, que coisa, e a sequência de acordes e tal; e fazer a batida e cantar em cima dessa batida, olha a dificuldade da disgrama [risos]. Aí aparece Gilberto Gil que na televisão fazia jingle para JB Santos, um camarada dele lá, um careca amigo dele e que aí já entrava, com a Bossa Nova estraçalhando e boa! Aquele nego é o cão vivo! [riso]

É outra influência, não é?

Aí foi um desbunde geral! Havia muitas coisas, havia uma tentativa entre nós do cansaço da impostação italiana. Da maneira italiana de cantar e muita gente tentada de forma que tinha, muita gente tentava fazer coisas. "Não gosto de chão descalçado, porque enche de areia o pé do meu bem." Que era completamente diferente: "Boemia, aqui estou de regresso", que era o que todo mundo cantava. Aí para nós foi um sonho, eis o homem que realiza o que a gente fala! Aí a pessoa dizia: "Olha, apareceu um cantor que canta como você!" Tinha essas coisas completamente absurdas. Porque o mundo é assim. Depois quando eu fiz, teoricamente, as inovações que eu fiz, eu sabia que muita gente estava chegando perto. O mundo é assim, se você passar cinco ou seis anos, alguém fará, porque está todo mundo chegando perto, como a invenção do avião, do rádio, das coisas todas, exceto uma coisa como a relatividade. Aí é um cara mesmo que dá um sopapo lá no inferno.

Então agora eu te pergunto, como que surgiu essa ideia de fazer um disco dissecando, desconstruindo e reconstruindo o samba? Como que surgiu esse conceito?

É tão simples que parece ridículo. Rogério Duprat teve uma influência danada por causa de uma coisa que ele me disse, não por nada musical. Naquele tempo o samba estava difamado, todo mundo: "Puta! Eu não aguento mais samba, esses caras, cococó, quequequé. Meu diploma de papel..." Ninguém aguentava mais, eu disse: "Está muito igual, muito igual, está uma merda, uma porcaria." E mesmo os sambista já estavam...

Não estava bem o samba, né?

Aí o Rogério me disse um dia assim: "Mas Tom Zé, você vê está todo mundo esculhambando o samba, mas se chegar uma inteligência extraterrestre aqui, que tenha mais ou menos o nosso nível de inteligência e você der a eles o surdo, o timbal, o tarol, o pandeiro, a caixa e os tamborins ali, agogô, tamborim, essa sequência de acontecimentos, eles iam passar mais ou menos cem anos para poder fazer o que qualquer moleque de escola de samba já faz. O moleque de escola de samba já sabe qual é o papel do surdo — é o pai da casa. Já sabe qual é o papel do tarol — que faz a primeira subdivisão. Já sabe qual é o papel dos instrumentos médios — que fazem ali a semi, de vez em quando uma colcheia e tal, e já sabe os tamborins e os agogôs lá em cima fazendo a semi colcheia. Já sabe divisões, agrupamentos, frases, coisas que dão certo e tal. Uma inteligência extraterrestre passaria cem anos para fazer essa coisa maravilhosa que nós todos estamos esculhambando, mas basicamente é uma coisa maravilhosa." Aí eu fiquei invocado com isso e ao mesmo tempo ele me deu a tradução de um livro de John Cage, que se chamava *De segunda a um ano*, em máquina, datilografia. E logo no princípio do livro tem uma frase de Buckminster Fuller que diz assim: "Não é tempo da posse, é tempo do uso." Essa frase me fez perder a cabeça, eu: "Que diabo esse homem quer dizer?" Parecia que era uma coisa que eu tinha que correr ligeiro e agarrar e tal. Aí eu tinha esse professor me pedindo para cantar "A Felicidade" e eu tinha feito naquele seis por oito. Eu estava com alguns ostinatos, peguei uma batida de samba, botei nos ostinatos. Fui desenvolvendo e os cavaquinhos também fazendo, tocando não música, mas ritmo, o cavaquinho tocando ritmos e dissonâncias, aquele negócio da minha escola e tal. Aí foi andando, 1972, 1973, em 1974 eu falei: "Eu vou fazer esse disco! Eu vou fazer esse disco com essa ideia." Aí comecei a trabalhar mais concentradamente, Vicente estava junto de mim, que também era um grande incentivo, porque é uma ritmação de samba completamente inesperada...

Ao longo dos anos você foi construindo a ideia...

Aí de repente aquilo que te falei, os *ostinatos* que estavam na gaveta, que eu achava que eles modificavam, que eles tornavam o samba bastante curioso. Que um samba era preciso ser um samba quadrado para dar legal com os ostinatos, entende? Não podia ser um samba metido a funk, fock, fuck, aquele negócio todo que já começava a ter aquelas, o samba misturado com rock, os brasileiros não gostavam do tal samba rocado, não sei o que, aquilo não dava certo, só dava certo o sambão velho. Então foi nascendo, nascendo, nascendo, aí eu já estava, veja bem, uma coisa pra você ver como a coisa estava começando. Eu fiz o "Mã" com essa, depois eu achei que eu não tinha usado isso direito e fiz o "Nave Maria" com a mesma coisa!

Com a mesma frase...

Com a mesma frase, com o mesmo baixo e o mesmo cavaquinho, eu fiz outra música completamente, já um pouco mais amassadinha, juntinha, já mais...

Quando você estava gravando o disco, já estava entrando em contato com o resultado dele, você parou para pensar e falar: "Isso é do caralho! Vai dar certo."?

Vou te contar uma hora em que isso chegou de uma maneira muito multiplicada em forma de dor. O disco saiu e eu não consegui fazer que ninguém ouvisse ou que ninguém dissesse uma palavra, a não ser o negócio do Tárik de Souza que foi parar no Chacrinha. Os amigos eu tentava fazer ouvir: "Ah, não, você dá uns sambas bons!" Tudo bem e tal. Aí passaram-se dois anos, 1977, 1978, alguém me pediu para gravar duas músicas numa fita. Eu aí botei na radiola para tocar, a radiola ainda lá em casa e botei o gravadorzinho com o microfone ali perto da boca da radiola para gravar, que era como a gente fazia antigamente. Aí quando começou a tocar o "Mã", eu comecei a sentir uma espécie de mal estar, de excitação, meus pés começaram a ficar quentes, começou a subir aquele calor, aquele arrepio, eu disse assim: "Porra isso não vale nada! Mas eu estou achando tão lindo e esse diabo é meu, o que complica muito." Porque se não é meu eu saio gritando: "Que coisa linda! Eu achei hoje!" Mas é meu! E eu acho isso um negócio do caralho e isso ninguém ouve! Aí fiquei louco para acabar, desliguei a radiola e falei: "Nunca mais eu ouço música na minha vida! Vá para puta que pariu, que o diabo que os carregue com música! Nunca mais ouço música! Tranca isso aí." Aí começou a ideia de eu ir trabalhar no posto de gasolina em Irará. Comecei a falar com meu sobrinho que tinha o posto de gasolina. Eu queria ir para uma coisa tipo meu negócio de criança que era a loja de meu pai. Não tinha mais nada, a única coisa parecida era o posto de gasolina. Eu combinei com Deguinha, ele: "Não, você vem aqui gerenciar e tal." Ele é meu sobrinho, filho de minha irmã Guile e aí combinamos e tal.

Você considerou mesmo voltar pra Bahia?
Sim! Neusa ia trabalhar, Neusa trabalhava no SESC, no SESI, e ia trabalhar no SESI de Feira de Santana, a gente ia tentar, pedir aos amigos, para transferir ela para lá, para eu ficar em Irará que é juntinho de Feira de Santana.

Então, essa possibilidade que você considerou de voltar para Irará, para trabalhar no posto de gasolina, é frustração, uma sensação de estar fazendo uma coisa do caralho, mas não está sendo compreendida.
Aí para você não ficar louco, para não ter aquele negócio que chama esquizofrenia que o cérebro parte para um lado, para o ou-

tro, você tem que dizer: "Não! Eu preciso cuidar de me salvar!", o sentimento de salvação lá nas entranhas do ser humano diz: "Joga isso fora, senão você fica louco e vá cuidar de sua vida! Ser alegre, capinar o chão, fazer qualquer coisa, qualquer trabalho é digno desde que você...porque aqui eu vou morrer! Se eu ouvir essa música de novo, se eu sair para trabalhar isso em quê? Em que rádio eu vou tocar isso?"

Por que você acha que as pessoas naquele momento não sacaram, não entenderam o disco?

Não tenho ideia. Não tenho ideia. Eu posso lhe contar o episódio que o David Byrne repetiu. David Byrne comprou o disco sem saber o que era. Quem pescou ele foi a corda e o arame farpado. Ele viu a palavra samba, corda e arame farpado, no tempo da ditadura, ele falou: "Que diabo é isso? Bota aí na capa!". Aí tinha um disco por acaso que o Calanca tinha mandado fabricar, meu disco na Continental, um estava nessa casa que ele entrou no Rio. Aí ele chegou em casa e ficou ouvindo o samba e tal. Um dia quando ele botou esse disco ele parou o disco, ligou para o Arthur Lindsay, ele conta isso, falou: "Arthur Lindsey, mas o que é isso aqui?", tentou falar Tom Zé lá, "Tam, Tam Z, TamTão, TamTão, Tão", aí o Artur: "Não, Tom Zé do Tropicalistas... mas esse disco é uma loucura e tal." e, veja que David Byrne ainda passou bons bocados! David Byrne conta no meu filme, que ele virou para um artista brasileiro que ele gostava e falou: "Eu acho que eu quero gravar umas coisas do Tom Zé aqui!", "Mas o Tom Zé? Como? O Brasil tem tanto artista! Você vai gravar...Tanto artista bom no Brasil, que diabo você quer com Tom Zé?". Aí o David Byrne conta que passou um tempo ele voltou e viu que ele queria aquilo mesmo! Ele aí foi pra uma pessoa que era mais confiante e falou: "Eu queria fazer um disco!", agora ele já queria fazer um disco do

Tom Zé! "Mas como um disco do Tom Zé? Você está louco! Para quê? Tom Zé! O que que é Tom Zé?"

Por que o Tom Zé, né?

Então você vê como tinha uma barreira muito grande e eu tinha a intuição de que era impossível vencer isso! Foi uma garrafa jogada ao mar, uma sorte! O oceano Pacífico é daquele tamanho, pois David Byrne passou num lugar, viu aquela garrafinha ali, era eu pedindo socorro, com aquele disco. Uma coisa de povo, uma história de povo navegador, né? A imensidão do planeta!

Você acha que durante esse tempo o pessoal não passou a levar você a sério? Por você ser um cara muito brincalhão, teatral...

Querido, vamos e convenhamos, esse negócio de levarem-me a sério ninguém leva até hoje [risos]. O Roberto Maia é um amigo meu, quando a revista *Rolling Stones* botou "The father of invention", brincando com aquele compositor lá do The Mothers of Invention, lá, Frank Zappa, "The Father of Invention", ele mostrou um amigo dele. Aí o amigo dele disse: "Porra! essa revista já foi de confiança!"! [risos] Você vê que ele preferiu destruir a revista *Rolling Stones*, americana! Do que acreditar que estava acontecendo alguma coisa comigo.

Aconteceu isso com você quando voltou dos Estados Unidos? Você, reconhecidamente, um dos grandes artistas brasileiros e da música contemporânea, quando chegou através de um cara que todo mundo estava olhando, o David Byrne...

Precisou vir grafado, aliás, no meio de transmissão de cultura que é a palavra escrita. Precisou vir as revistas, o *New York Times*, essas revistas todas de música. Precisou vir o *Le Monde*, o *Les inrockuptibles*, *Vibración*, aqui tem mais recorte do *New York Times* que dá para atravessar a rua se for abrindo tudo. Outro dia eu emendei tudo isso... "The Father of Invention", o tal da revista *Rolling Stones* americana. Não é que a brasileira não seja ruim... *Billboard*, quando começou a chegar nessas coisas, que as pessoas começaram...

The *Village Voice*!

The *Village Voice*! *The Guardian*, aí já é da Europa. Outra *Rolling Stones*, quando eu fui escolhido um dos dez melhores discos da década no mundo. Aí nego disse: "Bom, deixa...vamos tocar...", aí aconteceu um episódio que me salvou. Eu fui tocar em 1998, de 1990 a 1998. Durante essa década eu fiquei ali no limbo. Esse cara é difícil, é não sei o que, não sei o que. Em 1998 eu fui tocar no Abril pro Rock, lá no Recife. Tinha oito mil pessoas, eu entrava mais ou menos oito e meia, o show ia até duas horas da manhã, tudo que era de bom ia acontecer depois de mim [risos]. Eu entrava oito e meia, quando eu entrei não deu tempo de mandar tirar oito mil pessoas e botar meia dúzia de intelectual, que era o que se dizia quem ouvia música minha. Ficou as oito mil pessoas, donas de casa, bancários, empregados de lojas, gente como a gente, né? Eu aí cheguei lá e cantei. Aí fez um sucesso tão grande que nesse dia caiu o mito do artista incompreendido e nasceu um cantor de samba [risos], como outro qualquer. Só que foi difícil continuar a noite, porque ninguém queria mais nada em cima do palco. Eu me lembro que Otto era o apresentador e Otto era meu amigo. Quando Otto foi entrar no palco para anunciar a nova banda que não deixaram, ele saiu e olhou para mim como quem diz assim: "O que foi que você fez lá que deu esse problema?" [risos]

O David Byrne ligou para você? O que ele disse na verdade, a sua primeira conversa com ele, você lembra? O que foi dito?

A Neusa estava lendo a *Folha de S. Paulo*, o Matinas Suzuki fazendo uma entrevista com David Byrne no apartamento dele, que eu cheguei a conhecer esse apartamento no Soho. Aí Neusa leu escrito assim, em cima da mesa, quando David Byrne saiu ele leu em cima da mesa um lembrete: "No Brasil procurar o Tom Zé." Aí a Neusa que conhecia a banda do David, conhecia o tipo de pessoa que ele era, conhecia o Matinas, o tipo de pessoa, da Folha e tal, o tipo de respeitabilidade, deu um grito lá dentro. Eu aí pensei que tinha acontecido alguma coisa...um grito de índia, né, ela dizia: "Não, esse povo é sério! Esse povo é sério!", eu aí me deu para ler, eu falei: "Ô Neusa! Vai ver que deve ser engano!", ela disse: "Não é engano! Esse povo é sério!" e ela tinha razão, né. Aí começou, assim, tem aquele episódio que eu não posso deixar de contar. Caetano era amigo dele, eu fui perguntar a Caetano... Caetano aí disse: "Não! Não deve ser você! Dever ser outra pessoa! Deve ser Tuzé de Abreu...", que é um amigo nosso da Bahia, que David Byrne era amigo e tal. Aí o José Miguel Wisnik que eu já tinha ligado para casa dele, senão não ligaria mais, ligou para mim de volta. Eu falei: "Não Zé, o Caetano já me contou, não sou eu." Ele: "Não é você o quê?" "Ah, o negócio de David Bryne...", ele falou: "Pera aí! Eu estive em Nova York agora, quando eu cheguei na porta do teatro que ele ia cantar o Duncan Lindtz me perguntou de você. Aí veio o Arthur Lindsay também me perguntou de você. Aí eu falei: "que diabo eu venho para Nova York para nego me perguntar de Tom Zé?!" Porque o Zé sempre foi meu amigo. Aí ele entrou, quando acabou o espetáculo David Byrne veio falar com ele e perguntou de mim! Eu aí falei: "Bom, aí é capaz de ser eu mesmo!". Aí telefonei para o meu primo Roberto Santana que era muito viajado e tal, falei: "Roberto o que é que eu faço?". Aí ele disse: "Torne-se um alvo visível!" [risos], parecia instrução de tiro no exército, que eu servi...

Estratégia, né?
Que eu servi como soldado. "Torne-se um alvo visível!", tudo bem! "Torne-se um alvo visível!". Eu aí fiquei por aqui sem saber o que era, parei a ida para Irará, porque já estava para ir, "Não vá para Irará agora!". Aí um dia quando David Byrne chegou no Rio de Janeiro — isso é a chave — quando David Byrne chegou os jornais noticiaram que ele viria a São Paulo para me conhecer, veja que coisa louca! Nunca tinha visto falar e tal. Aí eu liguei para o Matinas Suzuki, eu fiquei acanhado antes de ligar, porque eu era uma pessoa que ninguém queria falar comigo. Se eu ligasse para uma pessoa, a pessoa não queria falar. Porque era sempre a ameaça de eu estar pedindo alguma coisa, eu nunca fui de pedir nada, que eu sou muito, o senso de conveniência na minha família sempre foi muito grande. Aí o Matinas me disse: "Você quer que eu arrume um encontro?", eu falei: "É claro e tal.", aí no dia que David Byrne chegou aqui eu fiquei dentro de casa olhando o telefone. [risos] Lá por seis horas da tarde o Matinas me ligou e disse assim: "Rapaz! Eu não achava o homem. O homem é doido por coisa japonesa, oriental. Sabe em que hotel ele se hospedou? Um hotel lá na Liberdade! Só de tarde que eu me lembrei que ele era amante das coisas japonesas e tal, achei ele no Nikkey Hotel lá na Liberdade. Está combinado na casa do ... na Rua Alagoas, número tal na casa do Anhaia Mello que é no primeiro andar e tal...", ainda me lembro desse endereço, quando eu passo lá eu me benzo, né? Aí nessa noite a gente se encontrou lá.

E como é que foi? Você lembra?

Bom, eu não falo inglês, mas minha mulher fala. O Duncan Lindsey teve uma coisa engraçada. A menina da *Folha de S. Paulo* que estava lá, ele estava se apaixonando por ela, ele viria a viver com ela casado muito tempo e, nessa noite ele estava querendo começar a se aproximar. Aí quando veio a história de que eu não falava inglês que ele tinha que traduzir, ele ficou puto da vida! Ele fez uma cara de quem tinha perdido o amor da vida dele, mas aí ele descobriu que a Neusa falava inglês, ele foi lá pajear a menina e Neusa ficou traduzindo para mim e para o David.

E nesse encontro, ele disse alguma coisa, você se lembra?

A Neusa tinha razão, o disco que ele tinha ouvido foi *Estudando o Samba*, a Neusa acertou nisso. Eu aí dei a ele uma fita do *Nave Maria*, porque ele não conhecia. Ele conversou, conversamos sobre música, sobre fazer tipo de música, e a conversa ficou por aí. Aí o pessoal do *Estado de S. Paulo*, do "Caderno Dois", me disse: "Tom Zé, vocês não combinaram nada?", eu falei: "Eu não.", "Mas como não combinou nada? Você deve ir atrás dele na Bahia!", ele tinha ido para Bahia, eu falei: "Eu não tenho dinheiro!", aí o cara: "Eu vou arranjar um dinheiro!", foi lá pediu na redação, "Você escreve um artigo sobre ele que eu te dou o dinheiro para você ir para a Bahia.", aí eu peguei o dinheiro, telefonei e mandei perguntar a ele, passei e-mail, ele disse: "Pode vir que eu deixo você escrever." Aí na Bahia no dia em que eu cheguei imediatamente me pegou para jantar e no mesmo dia me propôs gravar as duas músicas e ficou isso, que iria gravar duas músicas minha num futuro disco dele. Aí no mês de maio, ainda era carta a correspondência naquele tempo, não era nem fax. Chegou uma carta no mês de maio de 1989, ele disse: "Eu mudei de ideia! Eu queria fazer um LP todo. Você está de acordo e tal?". Claro! Mandei dizer que estava, escrevi uma carta mandando dizer que estava de acordo e tal. Aí começou a história do lançamento do disco e também da própria surpresa deles, o disco fez sucesso cult e sucesso de vendagem. Entrou na parada da *Billboard*. Caramba! Parada da *Billboard* é o outro lado.

Esse disco que você gravou para o selo dele, como é o nome?

Não, não, esse disco que ele lançou foi o *The Best of Tom Zé*, que tinha uma música do *Nave Maria* e três músicas do *Todos os olhos*, do disco que me derrubou, e todas as outras eram *Estudando o Samba*, era praticamente *Estudando o Samba*. Ele lançou esse disco, fez sucesso aí me propuseram um segundo disco. Aí foi que ele mandou vinte e mil dólares para fazer *The Hips of Tradition* (o único jeito de mandar, era um jeito até ilegal, eu não tenho vergonha de contar porque era o único jeito que eles descobriram. Vinha por uma casa dessas que a pessoa chegava lá e recebia o dinheiro). Aí eu falei assim: "Oh, rapaz, você é louco? São Paulo é um cidade, como é que eu vou pegar vinte e mil dólares no centro de São Paulo! E sair com esse dinheiro na mão? Eu posso não chegar vivo em casa, porque se o sujeito meter o revólver na minha cabeça eu chuto os culhões dele. Como é que eu vou chegar em casa e dizer roubaram meu dinheiro!" Só se eu for louco! Aí eu levei cada guarda costas! Um dos guarda costa que eu tinha mais confiança era a mãe da Neusa, Dona Maria, a minha sogra, o Chico, zelador, fizemos toda uma estratégia entre essa casa e o Banco do Brasil, que eu pegava o dinheiro e entrava no Banco do Brasil com eles todos me acompanhando assim de longe [risos]. Uma estratégia de guerra, podia fazer um filme! Porque cada um estava em um ponto. Alguns juntos de mim, os músicos da banda, o Lauro, cada um num ponto e eu assim com a Neusa e com mais umas duas pessoas. Imagine a moça simplesmente contava o dinheiro, fazia as contas, transferia para cruzeiro que eu tinha que depositar no Banco do Brasil imediatamente, ali da própria praça não sei o que, ali bem no centro de São Paulo. E eu saí a caminhar, vamos dizer, duzentos passos com esse dinheiro na mão, se me assaltassem eu saía pendurado no assaltante. Que eu não ia contar: "Roubaram vinte mil dólares. Que era o dinheiro de um novo disco!" Tá louco! Eu fui para lá...eu falei: "Eu só volto vivo... eu estou indo! Se vocês souberem que eu voltei, saiba que o dinheiro está no banco, porque senão eu não volto."

Essa capa do *Estudando o Samba* foi decisiva? Como é que surgiu a ideia da capa?

Surgiu assim, o tal na história do Rogério ter me falado que o samba estava ... e eu falei: "O samba está mais aprisionado pelos seus próprios cultores que não querem que nada de estranho entre no samba, uma forma não pode parar no tempo e no espaço. Uma forma viva é vítima do seu tempo e de tudo, não é?". Então eu queria dizer que eu estava mexendo com alguma coisa que estava presa em cordas e arame farpado. Como era o tempo da ditadura e arame farpado levava ao episódio da tragédia judaica com a história da Alemanha, ainda ficava mais forte a coisa do Brasil estar em uma ditadura, que era uma espécie de coisa hitleriana brasileira e, a corda e o arame farpado juntos... tanto que foi isso que deu a corda e o arame farpado samba? Que diabo de samba será esse? Ele conta isso, o David Byrne! Ele falou: "Eu quero aquele!" O rapaz não sabia nem o que era, botou na pasta dele, que ele tinha levado uma sacola, né. A sacola de samba de David Byrne. Eu entrei na sacola de samba de David Byne, foi isso que me salvou. E o Calanca entrou nessa história! Engraçado como uma pessoa tem uma loja onde se compra o que é curioso, o que é raro. Ele em 1985, quer dizer, nove anos depois do lançamento do disco, ele encomendou mil discos a Continental e um desses discos foi parar no Rio de Janeiro nessa loja ninguém sabe como. Um disco do Calanca!

Você acredita em destino?

Não sei se eu acredito em destino, mas eu quero reconhecer que eu tive muita sorte! E tem uma coisa em destino, que aí demora muito para contar, deixa eu ver se eu resumo. Toda hora que eu tive para voltar para Irará um anjo da guarda me salvou. Primeiro, 1960, que eu estou em Irará com uma loja, quer dizer, estava amarrado a Irará com cordas e arame farpado. Uma loja que meu cunhado botou que vendia coisa que ninguém vendia. Uma loja que era uma novidade e tal, minha tia Gilca chegou lá e disse que eu tinha que sair de lá, porque eu era artista e conseguiu convencer minha irmã Guile. Me levou para Salvador, eu comecei a trabalhar no CPC. Teve um contratempo, meu tio se elegeu, ela foi com ele para Brasília, eu fiquei com a cara para cima, eu falei com Nemésio Sales: "eu vou voltar para Irará.", Nemésio Sales aí foi anjo da guarda. Fez o Partido Comunista me pagar trinta reais por mês, eu aí pagava pensão e ia para o CPC de noite trabalhar. O CPC fechou em 1964, por causa da Revolução, eu ia me embora para Irará, a escola me chama para me dar uma bolsa. Quando minha vida universitária virou de pernas para o ar, porque queriam derrubar a direção da escola e fuxico de universidade e tal, eu entreguei tudo que eu tinha, eu tinha uma porção de emprego já na universidade, já tocava, já...entreguei tudo, aí fui no jornal da Bahia entregar a última reportagem, que eu era o jornalista da escola, eu preparava a matéria e dava ao jornal. Aí disseram: "Caetano está aí embaixo.", eu desci para falar e Caetano me falou: "Rapaz, não fique aqui se aborrecendo, vamos para São Paulo, pode ser que dê...", foi o anjo da guarda que me trouxe para

São Paulo. Sempre na hora que eu ia voltar para Irará um anjo da guarda chegava. E me trazia. Então, aí na hora que eu ia finalmente para o posto de gasolina chegou o último anjo da guarda que foi o David Byrne.

Não é curioso que um artista escocês estivesse ali naquele momento? Perguntei se você acreditava em destino, porque tem combinação de fatores aí muito curiosa.
E se eu acrescento isso, eu acredito em destino, porque o destino nunca me deixou voltar para Irará. Toda hora que eu ameaçava aparecia um anjo da guarda e me tirava da volta para Irará.

Por que acontece isso? Já aconteceu com muitos artistas, você é um deles, de ter que vir um cara de fora respeitado.
É aquela coisa que Tom Jobim falava, que uma boa saída para o músico brasileiro é o aeroporto, que não tinha o nome dele, como é? Do Galeão. É e foi também a minha salvação, foi o aeroporto do Galeão. Você sabe que o Jobim tinha uma brincadeira, quando ele ficava bêbado ele dizia assim: "Eu sou Tom e Dito, eu sou Tom não sei o que lá...", meia dúzia de tom que tinha... e aí incluía: "Eu sou Tom Zé!", como era todos os tons pobres que tinham no Brasil ele citava de brincadeira.

Isso me leva a pensar que a gente aqui de, certa forma, tem uma ligação com essa dificuldade mesmo, quando fulano dá certo, não pode dizer! Ganhei na loteria, não pode dizer que ganhei! Ganha bem, não pode dizer quanto ganha! A gente tem um problema, assim, com êxito, será?
Você sabe que o êxito, principalmente o êxito econômico, é muito respeitado pela educação protestante americana e muito assustador a católica.

Por que será?

A católica tem um tratamento com dinheiro que nem Freud com aquelas coisas terminais dele de dizer que dinheiro é côcô, que dinheiro é merda e tal. Só Freud mesmo traz um tratamento mais razoável para esse assunto.

Nesse momento, então, por já estar morando em São Paulo, você acredita que acabou absorvendo um pouco do samba paulista feito pelo Adoniran e peloVanzolini, essa coisa dos italianos que se aproximavam do samba?

Olha, 1948, meu pai voltou a ter loja, eu estava orgulhoso lá no balcão medindo pano, eu tinha doze anos. Nasci em 1936, aí o alto falante estava tocando o primeiro disco do Luiz Gonzaga, "Asa Branca" e as músicas de "Saudosa maloca!", eu fui criado com essas coisas. Todo conjunto de amigo meu, muitos cantavam tentando imitar mesmo "Os demônios da garoa" e eu fiz "Augusta, Angélica e Consolação" como se fosse uma música do Adoniran e em homenagem até aos Demônios da Garoa. Mas tem uma coisa engraçada, quando eu faço uma homenagem a algum músico ele deixa de falar comigo, ele tem medo dele ficar excomungado. Já tem muito isso, eu não quero nem falar para não criar problema. Tem um disco todo que eu fiz para o Grupo Corpo, todo em homenagem a música que eu admiro, nunca mais falaram comigo. Vade retro satanás!

Como esse disco bate em você hoje? Você ainda gosta dele?

Esse disco tem também uma coisa engraçada, ele tem ciclos de 14 anos. De 14 em 14 anos ele tem regra. A regra dele é de 14 em 14 anos. Assim, as inspirações cósmicas são diferentes. Por exemplo, ele foi feito, 14 anos depois que David Byrnes lançou ele e ele virou uma coisa conhecida. Quatorze anos depois, no ano quatro, em 1990 ele foi lançado. No ano quatro, em 2004, as meninas Zélia Duncan, Mônica Salmaso, Maciel, gravaram músicas dele e todas as músicas que elas gravaram foram as músicas delas que tocaram no rádio. Aí no ano quatro eu fui tocado como o diabo no Brasil todo, mas como não falam o nome do compositor, só as pessoas que conheciam sabiam que era eu. Eu fui tocado, da Zélia, eu tocava: "Tô bem de baixo prá poder subir...", da Mônica Salmaso tocava: "Menina, amanhã de manhã, quando a gente acordar quero te...", que ela gravou lindo! A Adriana Maciel gravou: "Solidão, que poeira leve..." e gravou também o "Tô". Então no ano quatro esse disco foi gravado, agora eu estou esperando o ano quatro, o ano dezoito [risos] para ver o que é que vai acontecer, mas aconteceu uma coisa intermediária, eu ganhei o Prêmio Shell esse ano, em 2007 eu fui o vigésimo sétimo Prêmio Shell, não é mole meu "cumpade"! Eu sei que nego vai dizer assim: "Antigamente esse prêmio era sério!".

O texto é como você falou, uma briga de pensão.
Tem alguma coisa no texto, é muito trabalhador e exigente, que fica ali...é! Eu demoro muito, eu luto muito, luto meses! Faço dez ou vinte vezes, a Neusa disse: "Não é digno de você!", e joga pela janela e eu vou fazer de novo. A Neusa é um crivo! Como gosta de dizer o Zé Miguel, a Neusa é um crivo duríssimo.

Está ótimo! Tom Zé, obrigado!
Quem recebe essas coisas bem é a criança, o adulto fica falando bobagem. Ah, que honra! Honra uma porra, eu tenho lá porra de honra nenhuma, honra é quem tem é juiz americano, nem juiz brasileiro tem honra, porque não é chamado de "Your Honor", sei lá como é...◉

Elton Medeiros

Como e quando você encontrou o Tom Zé?
O Tom Zé eu conheci no teatro Vila Velha, não sei se na década de 1970. A gente estava fazendo um espetáculo no teatro Vila Velha, em Salvador, eu acho que com o Gil, Caetano, Bethânia. Que não eram conhecidos no Rio de Janeiro nem em São Paulo. Acho que eles eram estudantes e estavam fazendo um espetáculo no Teatro Vila Velha. Ou no Castro Alves? Estávamos no Vila Velha se não me engano. E tivemos, conversamos muito rapidamente, porque estava em temporada lá e eles faziam um espetáculo... eu não posso afirmar agora, mas acho que era no fim de semana eles faziam um espetáculo a tarde. Gil, Caetano, Bethânia e outros mais, não é? Acho que Capinam também parece que estava envolvido nesse projeto, etc. E nós estávamos com o *Rosa de Ouro* na Bahia, que era o espetáculo que estava fazendo temporada. Conversei com Tom Zé, conversamos algumas vezes nesses dias em que nós fizemos juntos; e que foram poucos. E depois não vi mais o Tom Zé, depois voltei a ouvir falar dele, quando ele começou a despontar já na televisão. A Maria Bethânia substituiu a Nara Leão no *Opinião*, e veio pro Rio. E com isso vieram, o Caeta-

no veio, o Capinam e acho que Gil, também. E o Tom Zé também veio nessa onda, participando de festivais. Bom, mas eu vou dar um salto. Para 1975 ou 1976, quando Tom Zé estava fazendo um espetáculo chamado *Rock Horror Show*, no teatro da Praia, se eu não me engano. Esse espetáculo era produzido pelo Guilherme Araújo. O Guilherme me ligou e disse: "Ô Elton, eu gostaria que você fosse, viesse nos assistir, porque o Tom Zé quer te conhecer". Aí eu fui ver o espetáculo, o *Rock Horror Show*. O Tom Zé trabalhava no espetáculo como ator, com aquele jeitão dele, eu me lembro que ele trabalhava com um sapato, tipo sete meio, salto sete e meio. E fazia com aquele jeitão dele. Fazia aqueles trejeitos, virava os olhos, contava, soltava aquele humor dele, bem próximo do mordaz, que é a marca do Tom Zé, dentro do espetáculo e cantava. E eu assisti o espetáculo. Um espetáculo bem montado. Era todo baseado em rock. Eu assisti o espetáculo. Depois do espetáculo o Guilherme me chamou. Eu fui a coxia, cumprimentar os artistas que eu conhecia e também, procurar um primeiro contato com o Tom Zé. Já que ele tinha revelado interesse em conversar comigo, e o Tom Zé, evidentemente, que ficava, ele já estava morando em São Paulo, mas ele ficava aqui no Rio. Naquela época, as companhias de teatro trabalhavam de terça à domingo. Fazendo duas sessões, geralmente no sábado e duas sessões no domingo. Isso não ocorre mais, não é? Eu estou dando por exemplo, porque eu trabalhei no *Rosa de Ouro* e o *Rosa de Ouro* ficou dois anos em cartaz. Hoje, um espetáculo ficar em cartaz dois anos é muito difícil. E trabalhando de terça à domingo. Sendo que no sábado duas sessões e domingo duas sessões. Hoje é difícil acontecer isso. Os tempos mudaram, não é? E, eu me lembro que eu fui, parece que no domingo, último dia da semana havia espetáculo. E ficou acertado, o Tom Zé me disse o que ele pretendia. Ele disse que estava pretendendo gravar um disco de samba e que ele gostaria de fazer samba comigo. Isso me envaideceu muito. E ele foi, agora eu não me lembro se foi uma semana, duas semanas, três semanas depois, eu sei que ele ficou lá em casa. Ele ficou lá em casa uma semana, a gente conversando. Ele ficou hospedado lá. E lá nós fizemos essas duas músicas. Eu acho que nós começamos a fazer e acho que eu terminei, que ele aí retribuiu. Eu aí fui e fiquei na casa dele, também, uma semana em São Paulo. Eu morava na Morada do Sol [no bairro de Botafogo, no Rio]. Eu fui um dos primeiros moradores da Morada do Sol. E a mulher do Tom Zé, coincidentemente, tem o mesmo nome da minha mulher, Neusa. Eu fui pra casa do Tom Zé, minha mulher foi comigo também e ficamos lá uma semana, acho que terminando as músicas. Bom, Tom Zé gravou, aquela coisa toda. Nunca fizemos show juntos. Estivemos, sim, em debates juntos, mesa redonda, essa coisa toda, mas nunca fizemos show juntos. E o Tom Zé vai e grava as músicas. Gravou as músicas e a história é essa. 1976 ele gravou, eu não sei se houve um hiato, não me lembro, de 1975, 1976, eu não sei se o *Rock Horror Show*... Não me lembro se foi em 1975 ou 1976 mesmo. A verdade é que ele gravou o disco, não é, lançou o disco, o disco teve repercussão, mas talvez o destino dele tivesse traçado pra ser sucesso internacional dez anos depois. E foi quando o David Byrne encontrou um disco lá nos Estados Unidos, acho. E ele encontrou um disco e gostou do disco. Aí o disco começou a ser badalado e o Tom Zé foi procurado, inclusive, esteve nos Estados Unidos. Aí essa história eu acho que o Tom Zé já deve ter contado a você. E se não contou, vai contar, né? então você já sabe bem essa história. Então, em resumo, é essa história, do *Estudando o Samba*. A escolha do título, ele já havia me falado e eu não sei o papel que eu desempenho nesse estudo. Apenas eu sei que eu tive muito prazer de ser parceiro do Tom Zé, nessas duas músicas. E convivia com eles o tempo que é e passamos a ser amigos, não é? Inclusive telefonávamos muito. Atualmente isso não ocorre com a mesma frequência, mesmo por que o Tom Zé tem uma... o tipo de música que ele faz na maior parte é o estilo diferenciado do meu, é diferente. E a gente não se encontra. Eu vou muito a São Paulo e às vezes o Tom Zé vem ao Rio de Janeiro. A gente está desencontrado, mas eu gosto muito do Tom Zé. Inclusive aquele... o humor dele, a mordacidade dele é muito interessante.

Por que? O que tem no humor dele, essa ironia...?
A ironia dele por ser diferente da corrente, não é? Ele tem uma forma muito pessoal de fazer a gozação dele. E de ilustrá-la, inclusive. Ele se preocupa em ilustrar a gozação que ele faz com o tema que ele desenvolve. Então eu gosto muito do trabalho desenvolvido pelo Tom Zé, não só o trabalho musical, como trabalho dele como um ator que ele é.

Você lembra quem fez o que? Quem fez a letra?
Nós fizemos muita coisa junto, muita coisa junto. É claro que o Tom Zé tem uma influência muito grande, porque ele queria atingir um objetivo e ao mesmo tempo eu notava ele preocupado em dar unidade ao disco. Eu deixava ele bem revelar as intenções dele no correr dos nossos bate-papos. E uma dia até ele resolveu fazer uma comida lá de Irará. Uma comida com farinha. Então, nós conversávamos, ríamos muito, e trabalhávamos rindo, né, conversando e rindo. E o clima era em vez de mordaz, ele era muito divertido. Divertido assim dentro daquele modelo, Tom Zé. O Tom Zé tem uma linha de humor, bem pessoal, bem pessoal. Ele não procura imitar ninguém, ele é ele. Ele faz questão de manter aqueles traços humorísticos, e um traço de pensamento também, bastante característico.

O que você acha desse tipo de samba que você ouviu? Esse samba de São Paulo...

Eu volto a dizer que esse samba do *Estudando o Samba*, ele é muito característico, não é de São Paulo, ele é um produto natural do Tom Zé. É uma vertente surgida do interesse do Tom Zé em trazer uma contribuição pro samba, mas sem se preocupar em regionalidades, em ir mais com um interesse artístico pessoal dele, entendeu? É uma manifestação pessoal do Tom Zé.

Como vocês conviveram com essa diferença entre vocês? Porque o Tom Zé tem uma história com vários gêneros da música brasileira, com o experimentalismo e você é um cara do samba, propriamente...

Não há diferença. Pode até haver diferença na maneira assim até de se trajar, isso é outra coisa. E pode haver uma convergência na maneira de pensar. É aquele velho ditado: as aparências enganam. Eu em *off*, eu estava dizendo que eu sou um Ravelista incorrigível, sou apaixonado pelos impressionistas franceses. E essa coisa, o canto coral, é uma coisa que me impressiona muito e eu fui trombonista de gafieira, eu fui saxofonista de banda de música. Eu cantei em gafieira, eu acho que gafieira não existe. Eu estou vendo gafieira na televisão com cavaquinho. Cavaquinho não é instrumento de gafieira. Então, eu fui do tempo da gafieira. Aquela gafieira tradicional que tinha até bem pouco tempo o modelo, o Jamelão. Esse é cria da gafieira. Jamelão é a cria da gafieira. A gafieira ela é, ela vem dos pequenos conjuntos de jazz, a formação dela. Só que no Brasil toca-se samba, toca-se baião, com aquela formação: bateria, baixo, antigamente era banjo, depois passou a ser violão elétrico. Era um violão com uma caixa de som ao lado, e mais tarde é que começaram a surgir as guitarras e os violões plugados, num sistema sonoro único. Mas antigamente, não, o violão era aquela caixa que o violonista levava sempre um fiel escudeiro carregando aquela caixinha pra gente poder tocar. Então eu sou dessa geração. Eu tinha um cunhado que tinha um sexteto. Ele era saxofonista, então sax, trompete, trombone, baixo, bateria e banjo. Depois violão elétrico. Então peguei essa geração. Então eu vi essas coisas, eu fundei três escolas de samba. Então você vai ver a minha cabeça, como é que é. Frequentei muita sala de concerto. Toquei música de concerto na Orquestra Juvenil de Estudante, que eu era saxofonista, então eu sou a soma disso: de escola de samba, bloco de rua, banda de colégio interno, que eu fui aluno. Então a soma disso tudo sou eu. Filho de ranchista, meu pai era... saía em rancho carnavalesco. Nos tempos áureos dos ranchos carnavalescos. Recentemente uns jovens vieram me procurar pra falar de rancho, acabei fundando um rancho com eles, que é o Flor do Sereno, que existe agora em Copacabana. Gravou, tem uma banda maravilhosa. Mas eu quase não vou lá. Porque eu sou um senhor de idade, eu fico de longe só assistindo. Eu trabalho, ainda faço show, mas o show que eu acho que deva fazer. Eu sou um compositor que canta, eu não sou um cantor que interpreta vários autores.

Por que o disco não aconteceu, na época?
Não, porque a coisa é tão evidente. Porque a vida é dinâmica, a nossa vida é dinâmica. E quantas coisas, quantas óperas, quantas peças sinfônicas foram vaiadas na estréia e que vieram a fazer sucesso muito depois? Quantos quadros, quantas obras foram execradas, foram criticadas? Quantas peças foram vaiadas na estréia e depois vieram a fazer sucesso? Que dirá um disco ser aplaudido, mas não devidamente dez anos ter um retumbante. Vamos dizer retumbante de sucesso, porque fora do Brasil retumbou, retumbou. Então, retumbou. Foi reconhecido. E antes, não. E foi

reconhecido através de um achado em um sebo de disco. Então, a compreensão humana, ela por mais aguçada que seja, ela não é tão apurada como nós pensamos que ela seja. Ela não é tão precisa, ela não é tão imediata, como a gente possa achar que ela deva ser. Às vezes nós somos muito mais lentos do que pensamos que somos. As pessoas hoje falam: ah, a comunicação hoje é rápida. É rápida, mas nem sempre ela é perfeita.

Você que tava acompanhando o movimento Tropicalista na época. Fala mais um pouco sobre isso, você acompanhou, você concordava com as ideias que eles estavam propondo na época...?

Eu acompanhei, evidentemente, porque eu estava vivo, eu estava aí. Eu acho que todas as pessoas, que os artistas, existem para revelar as suas preferências e as tendências artísticas. Para isso eu estou dizendo. Eu comecei em bloco de rua, meu pai era ranchista. Quer dizer, rancho. Agora, não tem que achar que o mundo tem que acabar num rancho. Mas também não tem que execrar o rancho. Acho que as pessoas têm que se manifestar como acham que devem se manifestar. Agora, nem sempre o que é novidade é melhor para uma determinada cultura. Às vezes é e às vezes não é. Às vezes aquela novidade é executada no sentido de trazer uma contribuição cultural valiosa para as novas gerações. E às vezes, não. É como uma luz de um vagalume, muito bonita, mas muito escassa. Ela acende, mas não serve pra você visualizar nada. É bonita a luz do vagalume. É um verde maravilhoso, mas não serve pra você visualizar nada. E às vezes, uma luz aparentemente tênue, ela traz, ela nos leva a uma reflexão. E a reflexão ela às vezes vem carregada de uma luminosidade tal, que pode trazer consequências bastante enriquecedoras para a nossa cultura. Então, acompanhei alguma coisa. Alguma coisa o Tropicalismo deve ter deixado aí. Alguma coisa a bossa nova deixou aí, alguma coisa o samba tradicional deixou aí ou está deixando. Ao mesmo tempo surgem, às vezes nem é por influência de artista, é por influência de uma cúpula. Hoje então isso é muito comum, porque o interesse mercadológico, ele é bem maior do que o interesse cultural da arte. O interesse cultural, o interesse artístico, ele às vezes se vê enfraquecido diante do interesse mercadológico. Inclusive o mercado, às vezes se torna muito mais sofisticado, nas suas devidas etapas, muito mais sofisticado do que a técnica da arte. Ela desaparece e a técnica da arte, a arte fica refém do mercado. Fica refém do mercado. Isso já está começando acontecer. Quando o camarada diz assim: mas não adianta nada eu gravar, porque o cidadão está usando uma maquininha, que imprime duzentos discos pirata por dia. Eu vou pra casa penso, faço uma música bonita, daqui a pouco antes de eu gravar eu já encontrei o meu disco, a minha música na esquina da rua Uruguaiana com a avenida Presidente Vargas. Então o mercado, não só o mercado como essa engenharia da criação, essa engenharia que trabalha com a criação, ela está andando à frente da criatividade. A criatividade, ela anda com mais lentidão, porque ela precisa ser, aquilo que eu disse: ela precisa ser perfeita. Ela precisa dar um recado perfeito e não um recado apressado.

Sobre o David Byrne. O destino é uma coisa incrível, não? É destino mesmo?

Em que dimensão a gente vive? Eu não conheço muito bem a dimensão que eu vivo, mas que existem outras dimensões, existem. Provavelmente uma influência. A influência de uma dessas dimensões atuou sobre esse caso, como atua sobre outros mais, e revelou a coisa que deveria ser revelada, ou no seu devido momento, ou até num atraso, mas atraso que não, que premiou o autor da obra. O Tom Zé acabou premiado, embora com atraso de dez anos, mas acabou premiado, e daí em diante ele se tornou muito mais conhecido. E com uma visibilidade diferente da de outros companheiros que iniciaram um trabalho musical com ele, diferente. A visibilidade de trabalho de Tom Zé é outra, é outra. Os companheiros dele têm outro tipo de visibilidade. Estão até num determinado pedaço, numa determinada parte da mídia que não é ocupada por ele. Ele ocupa outro, outro status, outro lugar na mídia, na imprensa. Então, isto fez com que talvez chamasse atenção não só da obra, como da pessoa dele. Esse aqui é diferente dos que iniciaram com ele. Então, como é diferente vamos ver o que que ele tem. Vamos investigar mais a obra dele, vamos estudar, não o samba, mas o que ele faz além do samba que ele estudou.

E ele sabe sambar?
Ele sabe sambar ao jeito do estudo que ele fez.◉

Julio Medaglia

Fala um pouco sobre o Tropicalismo.

O Tropicalismo foi o contrário da Bossa Nova. No final dos anos 1950, anos 1960, a música brasileira, aliás, toda cultura do mundo inteiro, estava muito comportado. Era cool, controle absoluto do acaso. Na música erudita era o tom do dodecafonismo, aquela musiquinha feita com pequenas notinhas esparsas. Na poesia era o concretismo com duas ou três palavras ou duas, três sílabas ou letras espalhadas no papel. No jazz era o cool jazz do Miles Davis, que foi sempre líder de vários movimentos. Então todos os setores, incluindo, na música brasileira, a Bossa Nova, se interrelacionavam por uma questão cultural da época. Mas o início dos anos 1960 houve um desbunde geral. Em 1962 em diante, tive a oportunidade de, inclusive na área da música erudita, nós estávamos sempre em Darmstadt, que era capital da música de vanguarda, segunda metade do século vinte na Alemanha. Aliás estava Frank Zappa lá comigo, foi meu colega de estudo, a gente viu descer o John Cage dos Estados Unidos que foi um grande compositor do século vinte e começar a jogar então ideia naquele ventilador tão concentrado. Um ventilador que girava muito lentamente... De repente excitou-se nas ideias, tudo começou a ir pelos ares. E com o tempo isso também ocorreu na área da música pop, né, com o rock, que realmente começou comportadinho, dançante com o Elvis Presley, melódico depois com os Beatles e depois que a Yoko Ono entra em contato com os Beatles e tal, aí aquilo vira a grande loucura final da década de 1960, depois do *Sargeant Pepper's*. O Tropicalismo se enquadra exatamente nessa época. Ele explode no final de 1967 com o festival da Record, com "Alegria, alegria" e com a música "Tropicália" [ambas de Caetano Veloso] para a qual tive a satisfação de fazer o arranjo. Então a música popular brasileira se abria pra todos os tipos de ideias, de parâmetros e componentes extra musicais. De repente cabia música fina, música cafona, música de vanguarda, música de retaguarda dentro do Tropicalismo, dentro daquelas ideias. Havia o berimbau, mas havia o teremin, também. Havia a poesia concreta dentro daquilo tudo, mas havia também o Cuca de Santo Amaro, lá do interior da Bahia onde nasce Caetano. Havia música instrumental, a musica vocal, havia a música intimista, havia a música participativa politicamente. Então, juntando esse enorme sarapatel de ideias, de coisas aparentemente incompatíveis que faziam parte de um mesmo caldeirão e fez com que de repente a música se abrisse, a música brasileira se abrisse pra todos os tipos de ideias e de componentes. Tanto é que foi difícil fazer música depois disso, na década de setenta ninguém mais sabia pra onde ir. Então tudo cabia ao Tropicalismo, uma visão crítica muito grande. Incluindo um componente político muito forte que aparentemente não existia. Que na música popular brasileira no tempo da ditadura, nenhum músico foi preso, efetivamente. Mesmo esses que cantavam "... a terra deve ser do povo! Não se vive sem cidade! Quem trabalha é que tem direito de viver..." Quer dizer, todos esses panfletários, o próprio Geraldo Vandré que dizia que "...nos quartéis lhes ensinam uma antiga lição, de morrer pela pátria e viver sem razão..." ["Para não dizer que não falei das flores"] não foi preso. Agora Gilberto Gil, que falava: "o rei da brincadeira ê José" e Caetano, que falava em "água azul de Amaralina", eles foram presos. Esse é o aspecto mais curioso na época e que deixou todo mundo meio fora de si. Na realidade os militares perceberam que o perigo estava exatamente no comportamento, e não no panfleto. Quer dizer, era uma revolução de linguagem, não de língua. Eu lembro que quando o Gil e o Caetano saíram da prisão, fui visitá-los em Salvador e ele, Caetano, me disse que o milico botou ele na cadeia e falou: "vocês com esse negócio de fazer da realidade uma pasta informe, diluindo valores, não deixando pedra sobre pedra. Nos valores constituídos, vocês estão agindo como uma das formas mais modernas de subversão. Talvez a única."Isso parece uma frase de [Marshall] McLuhan ou de Décio Pignatari. Não, um milico disse isso! Então eles sabiam que o perigo estava ali, por isso é que encanaram os dois ali. Na realidade, apesar de toda essa aparente ironia e bom humor do Tropicalismo e de um gigantesco universo de ideias, ele tinha um profundo sentido crítico ideólogico político que os militares tinham percebido. Eu acho, porém, que a melhor coisa do Tropicalismo é a grande qualidade da música. Realmente eram gênios que fizeram aquilo ali. E nós ríamos de uma música erudita, nós tínhamos uma experiência na área da música moderna na época, nos anos 1960 explodia, também, a música aleatória, a música eletrônica, também o minimalismo logo em seguida. Então, esses componentes a gente pode trazer de alguma forma. Essa experiência a gente fazia numa área da música de concerto, a música erudita como se chama, para a área da música popular. Mas era possível, porque realmente a música popular brasileira tinha um sentido cultural muito grande, muito elevado. Então era possível haver um diálogo entre músicos chamados eruditos, poetas concretistas. Os poetas concretos: Augusto de Campos, Haroldo de Campos, Décio Pignatari não falavam com Carlos Drumond de Andrade, mas falavam com a música popular brasileira. Quer dizer, eles estavam diretamente ligados a cultura popular, porque o Tropicalismo, na realidade puxava o carro da movimentação cultural da época.

Você estava no epicentro do Tropicalismo, por que você acha que foi chamado para fazer parte desse movimento?
Eu tinha escrito a música pra uma peça de teatro chamada *Isso devia ser proibido*. Uma peça escrita pelo Bráulio Pedroso, para Cacilda Becker e para o Walmor Chagas. Era uma peça de teatro Brechtiana, tipo cabaré Brechtiano. E o casal, era um casal que vivia no palco, circulando no palco, de um lado para o outro, em constantes debates. Debatendo suas relações pessoais, suas relações com o teatro, suas relações com a sociedade, com a cultura da época. Era uma verdadeira crônica de época. E tinha, então, um sentido também dessa visão crítica da vida e da arte, eles cantavam de vez em quando. E eu fiz a música. E o Caetano assistiu essa peça e gostou muito. Foi a única vez que Cacilda Becker cantou na carreira dela. Aquela atriz deslumbrante, tinha, aliás, uma voz de contralto maravilhosa. E aí ele me pediu, foi na minha casa, na Lapa, e levou uma fitinha: "olha, tem uma música aqui, que talvez se chame 'Tropicália', ainda não está acertado o nome, mas eu gostaria que você fizesse esse arranjo". Então foi assim que começou a coisa. E o Gil tinha me pedido pra fazer o "Domingo no Parque". Eu comecei a fazer o arranjo do "Domingo no Parque", acertamos a participação dos Mutantes e tudo. Me lembro lá no hotel Danúbio, lá que era o QG das ideias em São Paulo. O prédio ainda existe. E a gente foi desenvolvendo tudo. De

repente, na hora de concluir os arranjos, o Rogério Duprat volta de Salvador. Ele e todos os intelectuais que faziam parte da universidade de Brasília pediram demissão, porque havia uma pressão daquele reitor, Azevedo, parece que ele chamava, em cima dos intelectuais achando que eles eram comunistas coisa assim e demitiram, na época lá um professor por razões políticas, então todo o corpo docente pediu demissão. Foi uma coisa maravilhosa desse país aqui, uma intelectualidade toda unida. Diferente da geração que Getúlio Vargas comprava — para poder torturar as pessoas no porão, ele comprava toda a intelectualidade da época e arrumava emprego pra todo mundo. Todo mundo assumia emprego público aqui nos anos 1940. Nós, não, a nossa turma enfrentou pra valer essa turma. Aí Rogério volta. Aí quando Rogério, assim, sem nenhum tostão no bolso, eu falei: "tem aí um arranjo para ser feito, você não quer pegar?" Aí eu vou para o júri, do festival da Record. Apresentei o Rogério ao Gil e ele então concluiu o arranjo, fez uma coisa deslumbrante. Aí nasceu, também, o Rogério Duprat, e junto nós trabalhamos em muitas experiências no Tropicalismo, que foi realmente um momento muito criativo da música brasileira, dentro de um contexto universal, que era também provocador. O rock da época também era uma maravilha, né? Quer dizer que as linguagens estavam, o mundo estava conectado, as ideias políticas, também. Aquelas revoltas de Paris, aquele ano de 1968. Foi um período muito criativo da música brasileira. E a gente, acho que trouxe um pouco essas experiências de outras áreas pra música popular brasileira e aprendemos junto com eles, também. Os baianos têm umas, aqueles baianos que lideravam, na época o movimento, eles tinham uma antena muito acesa e muito sensível e a gente aprendia muito com eles, também, que era realmente uma troca de ideias. Não foi só, nós não trouxemos uma contribuição, houve um diálogo realmente, inclusive com os congressistas, com cineastas, pessoal de super 8 aqui do Rio, o Pimentel, Julio Bressane, aquela turma toda que fazia o cinema Super-8. Então foi um período muito criativo e foi uma felicidade estar entre eles.

Havia uma parcela da esquerda que não curtiu muito o movimento Tropicalista. Por que isso aconteceu?
Esse é um aspecto muito curioso da época, que o partidão e a esquerda, chamada Esquerda Festiva, que chamam depois, ela tinha outro tipo de raciocínio, não só político, mas uma visão cultural, que não era aquela progressista dos Tropicalistas, a nossa. O que seria uma vanguarda cultural na época. Então, eles acreditavam, aquilo que eu disse, eles acreditavam no panfleto. Eles acreditavam no sujeito subir no tijolinho, fazer um panfleto ou coisa assim. Eles acreditavam no verbo e a gente acreditava no comportamento. Essa é que era a diferença. E a revolução dos anos 60 foi uma revolução de comportamento. A geração, a "rock age", a geração dos roqueiros que também foi uma geração muito criativa, cuja a arma principal era a guitarra elétrica e a munição é o rock, ela se baseava também no comportamento. Quer dizer, quando uma geração inteira cruza os braços e fala, "paz e amor" e se lixa pra todos os valores que a sociedade constituiu, que aqueles países como Inglaterra, Estados Unidos ofereciam aos seus filhos. Todo mundo quer saber de coisa nenhuma. Vai puxar fumo, todo mundo para de dançar, para tudo, se joga no chão e fica curtindo o seu mundo interior, refletindo, curtindo as coisas sensíveis, o amor, a relação com a estratosfera, como era aquele período todo. É uma prova de que realmente a revolução estava sendo feita com outras armas e não com a arma da palavra ou com a arma dos mecanismos tradicionais. E a juventude não entendia isso. O Caetano foi vaiado naquele espetáculo, "É

proibido proibir", porque ele realmente apresentava um tipo de comportamento diferente. Até o "Alegria, alegria" eles aceitaram. Entrar a guitarra elétrica dentro de uma marcha rancho, eles vaiaram o início quando ele cantou no Festival da Record e quando acabou a música ele foi aplaudido. Deu pra dar uma reciclada, mas depois quando a zorra foi geral, onde realmente a ideia era misturar todo esse sarapatel de ideias que tinha um sentido político que eles não perceberam, porque eles acreditavam numa solução política diferente, mais provinciana, digamos assim, porque a gente imaginava uma visão mais universalista daquele tipo de comportamento; que era uma juventude toda se revoltando através da não revolta. Isso então houve um distanciamento e uma crítica. Evidentemente Caetano e o Gil sofreram com isso, foram até praticamente expulsos do Brasil, porque eles não podiam sair da Bahia. Até que os militares disseram: "não, se vocês forem pra fora do país tudo bem". Aí eles foram pra Londres, comeram o pão que o diabo amassou, mas conseguiram viver uns tempos lá em Londres, a gente até falava pelo telefone algumas vezes. Eu falei com o Gil algumas vezes. E quando eles voltaram em 1972, 71 uma coisa assim, o Caetano e Gil fizeram um show aqui no Theatro Municipal, a geração universitária toda tinha entendido a coisa. Foram lá pedir desculpas pra ele e foram lá apoiar ele. Houve um show aqui no Municipal. E onde todo mundo de alguma forma pretendia mostrar o seu arrependimento, e como se o Caetano fosse então dizer: meus filhos, vocês... Aí ele deu uma desbundada geral, deu uma de baiano. Surpreendeu mais uma vez, foi mais uma vez genial. Dando uma de Carmem Miranda, assim, pouco se lixando pra aquele negócio, e tocando o barco pra adiante lançando as ideias dele e o comportamento dele pra uma nova década que tinha que curtir, aquelas ideias do Tropicalismo pra diante.

Você acha que havia espaços na cultura para experimentação em relação a hoje? Você acha que tudo já foi feito ou que ainda há o que se fazer?

Tenho um livro que se chama *Música impopular*, cujo o último capítulo se chama "Da belle époque à belle merde". Porque o século vinte começou cultural, artístico, delirante. Nos primeiros anos do século vinte aconteceram mais ismos do que em toda história da cultura daí pra trás. E não foi o início do século, não foi o início da tecnologia. Toda a primeira revolução industrial já estava mais do que cristalizada naquele final do século dezenove, ninguém acreditava que não ia acontecer mais nada. Os próprios irmãos Lumière que inventaram aquela maquininha maravilhosa, achavam que isso não tinha futuro. Não, o cinema pode no máximo servir pra jornalismo. O Méliès que tentou fazer um cinema dramatúrgico, acabou vendendo bala lá numa gare de Paris, né? O Ford queria dinheiro para fazer produção em linha dos seus automóveis, não conseguia financiamento nos bancos. O pessoal dizia: "imagina, carruagem nunca vai se superar". O presidente do departamento de patentes dos Estados Unidos em 1898, dois anos antes de começar o século vinte, pediu demissão, porque dizia que não tinha mais nada pra ser inventado. Imagina que loucura. Quer dizer, que a tecnologia não tinha vez. O que valiam eram as ideias. O nosso querido Santos Dumont, para provar que aquele aviãozinho, que aquele troço era uma coisa importante, ele fez um *happening* em Paris. Ele levou as madames lá na Praça de Bagatelle vestidas maravilhosas, não foi num campo de provas com cientistas. Ele fez um show, levantou voo e desceu, e foi aplaudido. Precisava virar cultura, precisava virar ideia, precisava *happening*, pra que a coisa tivesse credibilidade, porque era o momento. Aliás, podia se chamar *Belle époque*. Os delírios dos Stravinskys, dos Prokofievs, dos Diaguilevs da vida, né, que faziam aquele início de século em Paris como epicentro, e na década de 20, em Berlim, era o delírio. O final do século vinte foi exatamente o contrário. O final do século vinte foi o delírio da tecnologia e um período sem ideias. Os anos 70 até o final do século também não aconteceram grandes ideias, em todas as áreas culturais. Seja música, seja pintura, seja o que for. E no Brasil, infelizmente, aconteceu uma coisa pior ainda, quer dizer, a televisão, sobretudo a grande televisão, Globo, que é uma televisão maravilhosa, do ponto de vista de linguagem, ninguém faz televisão tão bem quanto eles no mundo! Simplesmente tirou completamente a música do ar nos últimos 20 anos, não tem mais não só um único programa, não tem uma única pessoa cantando. Não se vê uma pessoa, no "Fantástico", cantar uma música do começo ao fim. Uma vez ou outra se fala de outra coisa, mas tira logo do ar. Se tornou a maior inimiga da música. Então, os meios de comunicação se fecharam pra uma música inteligente. Por isso é importante o Canal Brasil, as estações e canais a cabo, porque as novas ideias vêm agora por essa via alternativa, por essa via não de 60% de audiência. Aliás, a Bossa Nova veio assim. O final dos anos 1050, a "Grande Música Brasileira" estava envolta num mar de lágrimas. A Rádio Nacional, maravilhosa, com aqueles grandes arranjos, etc. O pessoal, a molecadinha veio se encontrar aqui no Rio de Janeiro, aqui na Zona Sul ou então no Beco das Garrafas, que é uma ruazinha estreitinha. E com o grito mais silencioso que já se ouviu na face da terra. Eles conseguiram desestruturar toda a música da época. Acabando com aquela filosofia do samba canção, "ninguém me ama, ninguém me quer" implantando uma música silenciosa, econômica, que foi o epicentro de um novo raciocínio musical. Então, esse foi um período, esse final do século vinte, foi melancólico em todos os sentidos. E agora nós temos que enfrentar, nesse século 21 a meu ver, um novo desafio que é o desafio de fazer a grande tecnologia aprender a dialogar com o talento humano. Porque o talento humano não morreu. Felizmente ele existe por aí, existem milhões de pessoas fazendo músicas de grande qualidade, só não existe uma relação entre a produção e o consumo.

Onde você acha que o Tom Zé se distingue do Gil e Caetano? Os três são baianos...

Os três são geniais, os três foram tão importantes pra música brasileira, sem dúvida nenhuma. Continuam sendo. Aliás, Gil e Caetano, qualquer coisa que eles façam vira boa música. Se eles jogarem uma cadeira no chão soa boa música. O talento deles é uma coisa astronômica. Agora, a diferença é que eles se encaminharam mais pra uma linha mais de show, tipo *pop stars*, souberam disciplinar mais o seu talento em função de uma carreira de shows. E teve ideias também. E o Tom Zé preferiu continuar vivendo numa base mais subterrânea, mantendo de alguma forma aquela inquietação da década de 1960. Então você vê. Eu vi recentemente um show dele lá em São Paulo. Não tinha música, não tinha melodia, não tinha texto, não tinha nada. Eram só grunhidos e ritmos e coisa assim. Ele pulava no palco dependurado com um negócio assim. Aliás, ele disse que se inspirou num artigo que eu escrevi na revista *Concerto*, onde eu falava da grande sonoridade que nós temos a disposição de hoje e o pouco uso que se faz dela pra música contemporânea. O artigo se chamava "Mensagem ou massagem sonora". Hoje parece que a música é mais provocadora do ponto de vista físico, energético do que intelectual e sensível. Mas ele continua exatamente procurando coisas. Ele não é um grande instrumentista, não é um grande cantor, não é um grande compositor no sentido tradicional, no entanto é a personalidade que eu considero hoje a mais criativa na música brasileira. E felizmente chegou um gringo aqui de fora: "eu vou procurar, esse cara é um gênio!'". Levou ele para os Estados Unidos, levou ele pra Europa. E quando as pessoas ficam fora do Brasil veem a coisa do lado de fora é mais fácil você perceber os valores. Porque nós acabamos, às vezes, entendendo o comportamento dele, às vezes misturava com coisas do folclore ou coisas da vida urbana, etc. Não te chama tanta atenção. Quando alguém vem de fora e vê quantos valores anarquistas possui dentro da música dele. Quantas provocações de naturezas tão diversificadas; musicais, literárias, comportamentais, vocais, que a gente vê aquilo só quando às vezes tem uma mente isenta de uma relação com um comportamento regional. E ele continua, portanto, uma pessoa criativa e a cada show que ele faz é, realmente, uma nova sensação. E eu consigo assistir um show dele do começo ao fim com o maior prazer e espero ver muitos ainda.

A gente acabou de ouvir o *Estudando o Samba*. Você participou do disco? Arranjou algumas faixas? Em que lugar da imagem do Tom Zé existiu uma inovação em relação ao samba?
Por exemplo uma pessoa que eu também tive a felicidade de trazer pro Brasil em 1972, que ninguém conhecia aqui no Brasil, chamado Astor Piazzolla. Eu o havia conhecido, conhecia sua música, ninguém conhecia ele aqui. Tinha aqui o carioca maravilhoso chamado, José Otávio Castro Neves, que trabalhava na TV Globo. Nós fomos na casa dele, mostrei o disco, ele me mandou pra Buenos Aires, trouxemos o Piazzolla pra cá e o Piazzolla encantou o Brasil e logo em seguida encantou o mundo. Aliás ele foi o primeiro reconhecido no Brasil, por isso ele tinha um grande afeto pelo nosso país. E depois o mundo inteiro... Aliás, eu fui pra Alemanha logo em seguida morar uns anos lá e levei a música pra

ele lá. Eu tive essa felicidade de poder contribuir um pouquinho pra esse grande gênio. Se você ouvir a música de Piazzolla, você vai que na música de Piazzolla, você pode até dançar a música de Piazzolla. Ela é tão tango, que ela pode ser dançada. Ele em nenhum momento aquilo deixa ter as raízes do velho tangão, *kitsch* bravo mesmo — aliás o artigo que eu escrevi sobre ele no meu livro chama "O *kitsch* na Vanguarda" — e no entanto tem ali um vulcão de ideias. Você encontra, no tango do Piazzolla, Stravinsky, Bártok, John Cage, você encontra ruídos com raps, você encontra tudo. O Tom Zé é isso, ele pega às vezes uma célula sambista, mas ele acrescenta. Quer dizer, a visão crítica que ele tem daquela realidade aparentemente monótona, que é a repetição minimalista do samba. Ele vê aquilo, ele coloca tantos componentes em cima e critica tanto aquela regularidade, que a música dele vai se enchendo de componentes. Então de repente são efeitos sonoros, aqui, de repente é uma voz, é um miado, é um efeito vocal, é um efeito instrumental. Ou então no palco, no show ele faz umas caricaturas de cantor. Então é um mundo de coisas que se transforma em função, às vezes de uma ideia minimalista ou mínima, numa ideia simples, mas que a partir daquele momento, então, acrescenta uma série de transformações. E tudo que ele faz é assim. Ele não tem uma música, ele não tem um cancionerismo semelhante ao cancionerismo dos anos 1950, lá do Silvio Caldas, que era maravilhoso. Onde a música nem deslancha assim e começa aqui, termina ali e você sabe exatamente que contexto você se encontra. Na música dele, não, há sempre surpresas, embora às vezes tenha uma base, no caso do *Estudando o samba* tem sempre um movimento sambístico, como pano de fundo. E no entanto é um vulcão de ideias e de acontecimentos que se entrecruzam e que se autocriticam.

Você lembra da época das gravações? Esse disco ali em São Paulo, foi feito pela Continental...

Isso é muito curioso, não é bairrismo da minha parte. Embora o Rio tenha sempre essa capacidade de irradiar coisas, essa maravilha de cidade que faz o Brasil inteiro receber os seus fluidos, São Paulo sabe cranear ideias. Tanto é que o Tropicalismo foi acontecer lá. O pessoal vinha de vários lugares do Brasil e era lá que... a própria Bossa Nova era muito questionada aqui no Rio. Pessoas que hoje escrevem artigos sorrindo. Na época desciam o pau na Bossa Nova. Não vou dizer o nome deles, não, mas conheço pessoas que estão hoje consagradas aí e que na época criticavam aqueles sambas: "ah, isso é jazz, isso não é música, isso não é voz, João Gilberto não é cantor". Eles diziam tudo. Enquanto eles diziam tudo isso em São Paulo tinha um programa todas as terças-feiras a noite, em 1959, João Gilberto sentado num banquinho na TV Tupi cantando as suas músicas da Bossa Nova. E fez tanto sucesso que na TV Paulista, que depois virou TV Globo, eles fizeram um programa chamado *O bom Tom*, onde então o Tom Jobim sentava num piano, e contava com a colaboração da orquestra da Rádio Nacional, que era associada a TV Paulista e os arranjadores escreviam pra ele. E o Jobim me falou o primeiro dinheirinho que eu ganhei pra valer na minha vida foi nesse programa. Eu comprei a minha casa aqui na rua Barão da Torre. Então São Paulo craneia muito bem a ideia, assim como também a poesia concreta, foi acontecer lá em São Paulo. Assim também como a tentativa de industrializar o cinema brasileiro, que foi feito lá com o Franco Zampari na Vera Cruz. A própria arquitetura, embora Niemeyer já é o maior gênio da arquitetura brasileira, sem dúvida nenhuma. Mas aquela turminha, o Salvador Candia, Rino Levi, tentava ao contrário, construir uma ideia de uma arquitetura brasileira tropical, funcional. Então São Paulo caneia muita ideia e o Tropicalismo foi também um pouco isso. Quer dizer, as pessoas, como a música brasileira estava num período de criatividade tão grande foi pra lá é que levaram a coisa. A TV Record que era uma estação, também, paulista, fez os grandes festivais onde — eu estava no júri de todos — a gente não errou nenhuma vez. Que dizer, não era por talento, não, é porque a época nos fornecia dados para gente escolher realmente os melhores. Até que uma vez criticaram. Diziam que muita gente boa ficou fora do festival da Record. A TV Record pôs a televisão e orquestra pra eles fazerem um segundo festival alternativo com músicas que foram desclassificadas. No entanto, no dia seguinte saiu no *Jornal da Tarde*: e o júri tinha razão. Quer dizer, a gente estava tão bem ligado nas coisas... também os jurados eram: Décio Pignatari, era o César Camargo Mariano, Augusto de Campos, Cláudio Santoro, João Carlos Martins, eu também estava lá. Então grandes músicos, no momento em que a música brasileira estava intimamente ligada. Todas as faixas das chamadas, faixa de cultura superior ou música de concerto, estavam ligadas pela música popular como um grande caldeirão de música de qualidade, com sentido cultural pra música e pra cultura brasileira como um todo.

Você se lembra como foi as gravações, com todo esse bom humor...?

As gravações aconteciam com o mesmo humor, bom humor da época. Era a época em que não se programava tudo. Quer dizer, a época fornecia dados pra que tudo acontecesse. Você abria a janela e caíam ideias. Assim com o próprio Tropicalismo, a música "Tropicália" aquele discurso do Dirceu no início do arranjo da música "Tropicália" que fiz, aquilo não estava previsto. Ele começou a fazer discurso, eu mantive aquela gravação e coloquei os efeitos em cima. Então tudo isso ocorria na época também nos discos, sobretudo nos discos do Tom Zé, porque ele realmente era um cronista de costumes, de ideias e de fatos. Tudo que passava perto dele, naquele momento da gravação, efeitos, ruídos e coisas, ele acrescentava e como se fosse realmente, *working powers*. Quer dizer, estava tudo acontecendo sem parar numa época em que as ideias estavam circulando pelo ar, num grande circuito internacional, que ia do Tropicalismo ao rock, de Yoko Ono a Bob Dylan e realmente a natureza estava inspirada naquele momento.

Como era, naquela época, gravar um disco como esse? Como era gravar esse disco tão mesclado de instrumentos em quatro canais?

É bom que se diga que todo Tropicalismo, assim como o rock e outros acontecimentos, assim como no jazz, também no seu delirante improviso. Essa aparente ideia de um grande caos desordenado, na realidade era um caos mais bem organizado que existe. A gente lê hoje tese sobre Tropicalismo. Eu li outro dia uma tese em um livro dessa grossura. Analisa detalhes que a gente às vezes fazia com uma certa intuição, mas estava todo mundo sabendo para onde estavam caminhando as coisas. Então nesse sentido em termos da própria gravação, embora tivesse aquela ideia de espontaneidade, havia um produtor chamado Manoel Barenbein, que sabia captar essas ideias todas. Não só promover o nosso delírio e a nossa ebulição constante. Manter a gente em estado de criatividade constante, mas como sabia organizar a captação disso, mixar direitinho e deixar bem que a coisa ficasse bem registrada nos quatro canais que a gente tinha na época, que era o máximo, quatro canais. Então foi um período em que pelo formato externo aparentemente anarquista, mas na sua estrutura, no seu âmago era muito consciente. Eu me lembro, quando esse disco que tem a música "Tropicália" que eu fiz o arranjo, nós estávamos sentados no chão lá no Hotel Danúbio. Estávamos decidindo a ordem das faixas, todo mundo dando opinião, que devia estar um pouco antes, um pouco depois. Naquela velocidade baiana... Aí de repente no alto falante do hotel ouve-se. O alto falante estava ligado assim, tocando baixinho: "interrompemos a nossa gravação para informar que foi assassinado, nas selvas da Bolívia, Ernesto Che Guevara". Os baianos pararam assim, começaram a se entreolhar, começaram a pegar no telefone... em dez minutos, Gil, Caetano e Capinam se falaram... dois, três dias depois "Soy loco por ti América" Já estava pronto e gravado e fez parte disso. Quer dizer, essa era o estado de sensibilidade que as pessoas estavam. Assim como Caetano, também. Assisti uma peça de teatro no dia seguinte ele me procurou e falou assim: tem que ter essas características cabaretistas. Vamos fazer assim, assim e assado. Quer dizer, o resultado poderia ser anarquista, porque era extremamente abrangente, mas a célula era a consciência de um projeto cultural.◉